［軽装版］

ネイチャーズ クラフト

Natures Craft

草木で染める

林 泣童 著

農文協

はじめに

草木染めに出会ってから私は、森に魅せられるようになりました。はるか昔、縄文の人々は森から多くの生きる糧となる木の実や草や根を得ることができ、農耕牧畜の暮らしをするようになった弥生の人々にとっても、森は大切な生きるための食糧を生み出してくれる母でありました。古代において森は、神が宿る神聖なところでした。

この森からは、クルミ、クリ、ブナ、カシワ、ナラ、クヌギ、フジ、ニレなど、もろもろの実や葉や樹木を求め、住材、衣料原料はもちろん、落ち葉も肥料としてきました。そして長い年月を経て、わたしたちにそれぞれ地域によりその地に育ってきたものを生かすための有用な技術を伝えてくれました。

染めの世界も例外ではありません。

アイヌの厚司《あつし》、沖縄の芭蕉布《ばしょうふ》、大島の泥染め、八丈島の小鮒草《こふなぐさ》染めの黄八丈《きはちじょう》と、それぞれの地域で生まれ、わたしたちはそのなかからさらに学びとることがたくさんあることに気づきます。

「草木染め」について、草木といいますからどんな草木でもよいのですが、といってなんでもよいとはかぎりません。採集する場所や時季によっても仕上がりの色合いに違いがでてきます。草木の採集にはタイミングがあります。その技法をよくマスターすることで美しい色を染めることができます。

さて草木染めといっても、草木だけを自然の染料としてきたわけではありません。動物も鉱物も染料の仲間に含まれます。昆虫やそのフンで染料をつくったり、樹液で塗料をつくる。石や酸化鉄や銅を砕いて顔料をつくったり、すばらしい化学の世界でもあります。

わたしたちの食卓を彩る「梅干し」など、台所にも草木の特性を生かしたものがたくさんあります。草木染めとは、それほどわたしたちの身近なものなのです。

草木染めの多くは主婦たちの仕事でした。衣服を染めたり、食卓の彩りにも使われていたのです。「染め」という仕事は、行き着くところは台所につながってきます。

肩の力を抜いて始めてみてください。何度も何度もくり返してみてください。きっと、昨日とは違った今日が生まれてくることでしょう。

平成八年四月

林　泣童

C O N T E N T S ［目 次］

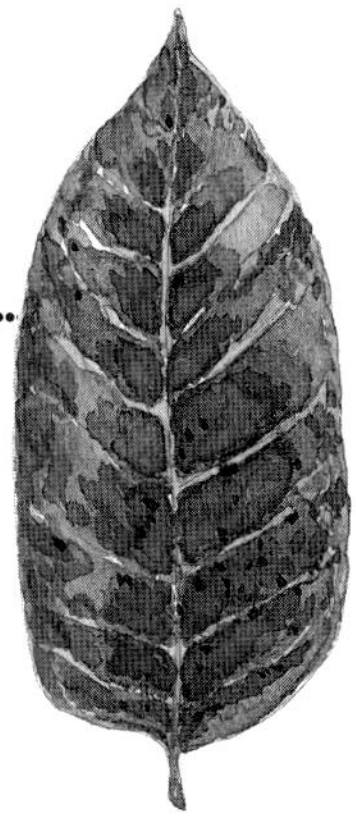

CONTENTS［目次］

3 PART3　草木染め作品（カラーグラビア）

4 PART4　染めてみよう　つくってみよう

装丁・レイアウト　栗山　淳
イラストレーション　林　泣童（PART-1、裏表紙）　飯島　満（PART-2、PART-4）
写真撮影　菊池四郎（PART-3、PART-4、表紙と章扉）　小竹八郎（PART-2、PART-4一部）

作品製作協力　田口七代　北　麗子　島野とき子　油谷生枝　林　他恵子
岩倉綾泉
撮 影 協 力　東京都品川区立品川歴史館　㈶畠山記念館　東京都立砧公園
藍設計事務所　綱島由明

1

PART1　草木の色を見つめてみよう

庭のかたすみ

庭のかたすみのいのち

庭のすみの小さな草が、思いもよらない色を発色させる力を持っていたり、すでに忘れられてしまった薬草であったり、染料として使われなくなった草花にも、食卓に上っているものもたくさんあります。草木染めは、そんな庭のかたすみにひっそりと生きている草花をふり返ってみることから始まります。

草木染めは、最初に花や実、その木や葉の色、いつ花が咲き、いつ実をつけ、いつ紅葉するのか、野生か園芸種か、薬用になるのか食べることができるのか、染料に使えるのか、私たちが草木に一歩一歩近づいていくことから染めの世界に入ってきてください。

草木の持つ色の不思議さ

青い葉っぱをしぼると青い汁がでてきます。赤い花からは赤い汁がでてきます。あたりまえのことですが、それはたんに汁であって、必ずしも染料としての色素成分ではありません。

この汁は、日光にさらすと退色して黄色になったり、赤い汁の色もやがて酸化すると紫から黒に変色します。つまり、植物からしぼった汁は、たんに植物が持っている色素にすぎません。

染料とは、植物が本来持っている隠れた色素成分を煮たり発酵させて水に溶かし出したもの。それを染料として利用しているのです。だから、私たちが見た表面の色からは考えられない色を発するのです。

こうして使うことができる草花はたくさんあります。利用する部分によっても発する色は違ってきます。葉・枝・幹・皮・実・根すべてが染料として使えるものもあれば、葉だけしか使えないものがあったり、植物によっていろいろです。

セイタカアワダチソウやマリーゴールドなどは、黄色の花も、緑色の葉も、染めてみると黄色に染まります。つまり見た目にはいろいろの色素を持っていても単一の色素成分を持っていることになります。自分の手でひとつひとつ実験し体得していっていただきたいのです。

染料となる草木をさがす

台所は草木染めの宝庫です。台所のすみには黒大豆があったり、ゴボウやナスやタマネギの皮が捨てられていたり、調味料のなかにもターメリックやいろいろな香辛料類があります。これらのなかにも染料として使えるものがたくさんあります。

この本を手にとってくださっているかたも、日常生活のなかで知らず知らずのうちに「染め」という仕事をしていることがあります。栗きんとんをつくったり赤飯を炊いたり、梅干しをつくったり、鉄分を利用した料理や炭酸を使った山菜ゆでをし「灰付き加工」だってしていることがあります。まさに「草木染め」なのです。

意外に思われるかも知れませんが、何百年もたった建築材や新築現場の余材、木工作家のアトリエに、木材店の店先にと、いろいろなところに木材がころがっています。スギの皮、ヒノキの皮、ケヤキやカツラの新材はもちろん、古材だって十分に染料として役立ってくれます。街路樹の剪定のときに切り捨てられる枝葉も見逃せません。

染料探しをしながら街を歩き、山道や河原に遊ぶのも楽しくなってきます。

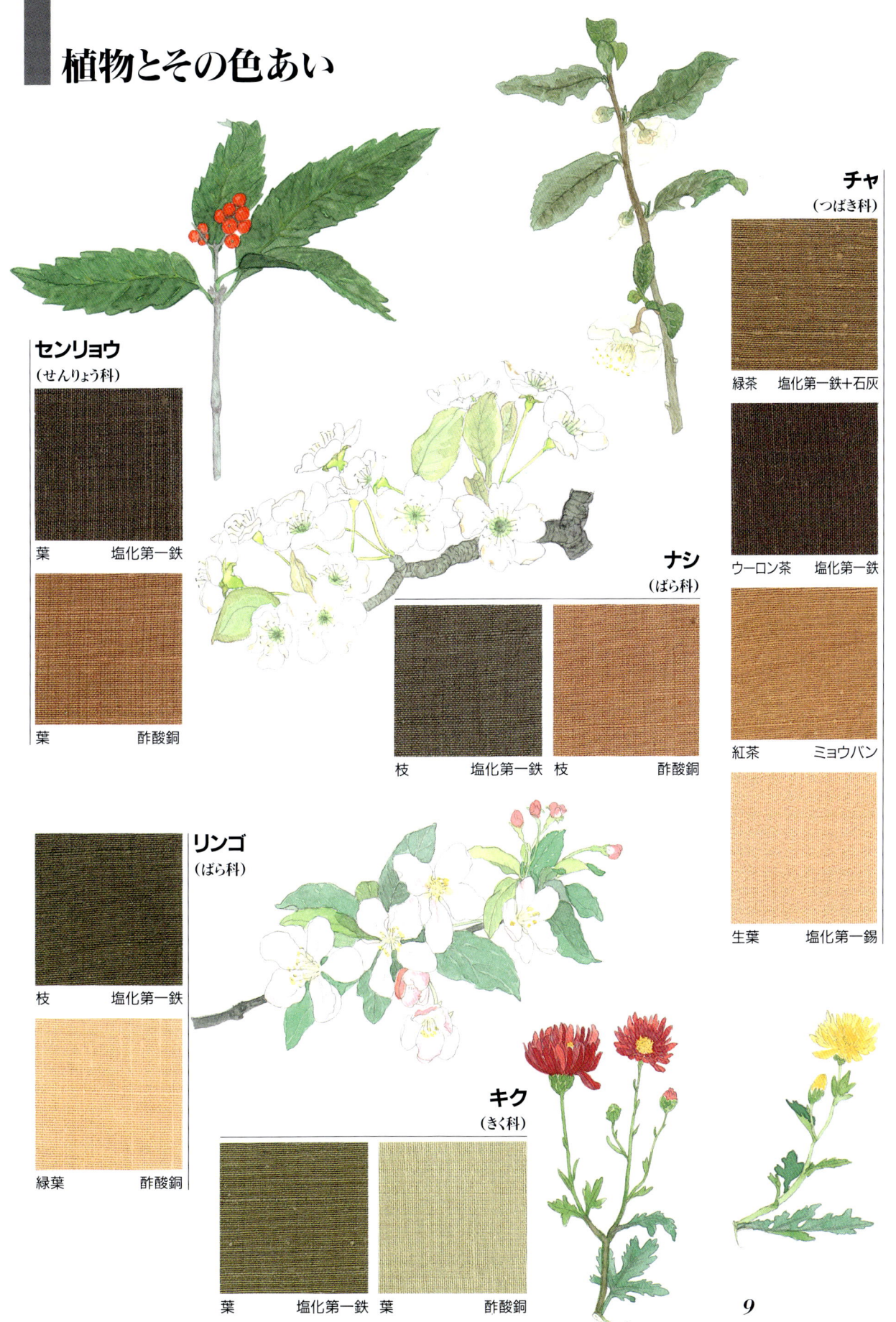

植物とその色あい

センリョウ
（せんりょう科）

葉　塩化第一鉄

葉　酢酸銅

チャ
（つばき科）

緑茶　塩化第一鉄＋石灰

ウーロン茶　塩化第一鉄

紅茶　ミョウバン

生葉　塩化第一錫

ナシ
（ばら科）

枝　塩化第一鉄

枝　酢酸銅

リンゴ
（ばら科）

枝　塩化第一鉄

緑葉　酢酸銅

キク
（きく科）

葉　塩化第一鉄

葉　酢酸銅

アカマツ
（まつ科）

樹皮　塩化第一鉄

樹皮　灰汁

ハクバイ
（ばら科）

枝　塩化第一鉄

枝　酢酸銅

モモ
（ばら科）

つぼみ　塩化第一鉄

太枝　酢酸銅

緑葉　酢酸銅

緑葉　塩化第一鉄

ノブキ
（ふき科）

緑葉　塩化第一鉄

緑葉　塩化第一鉄＋石灰

キショウブ
（あやめ科）

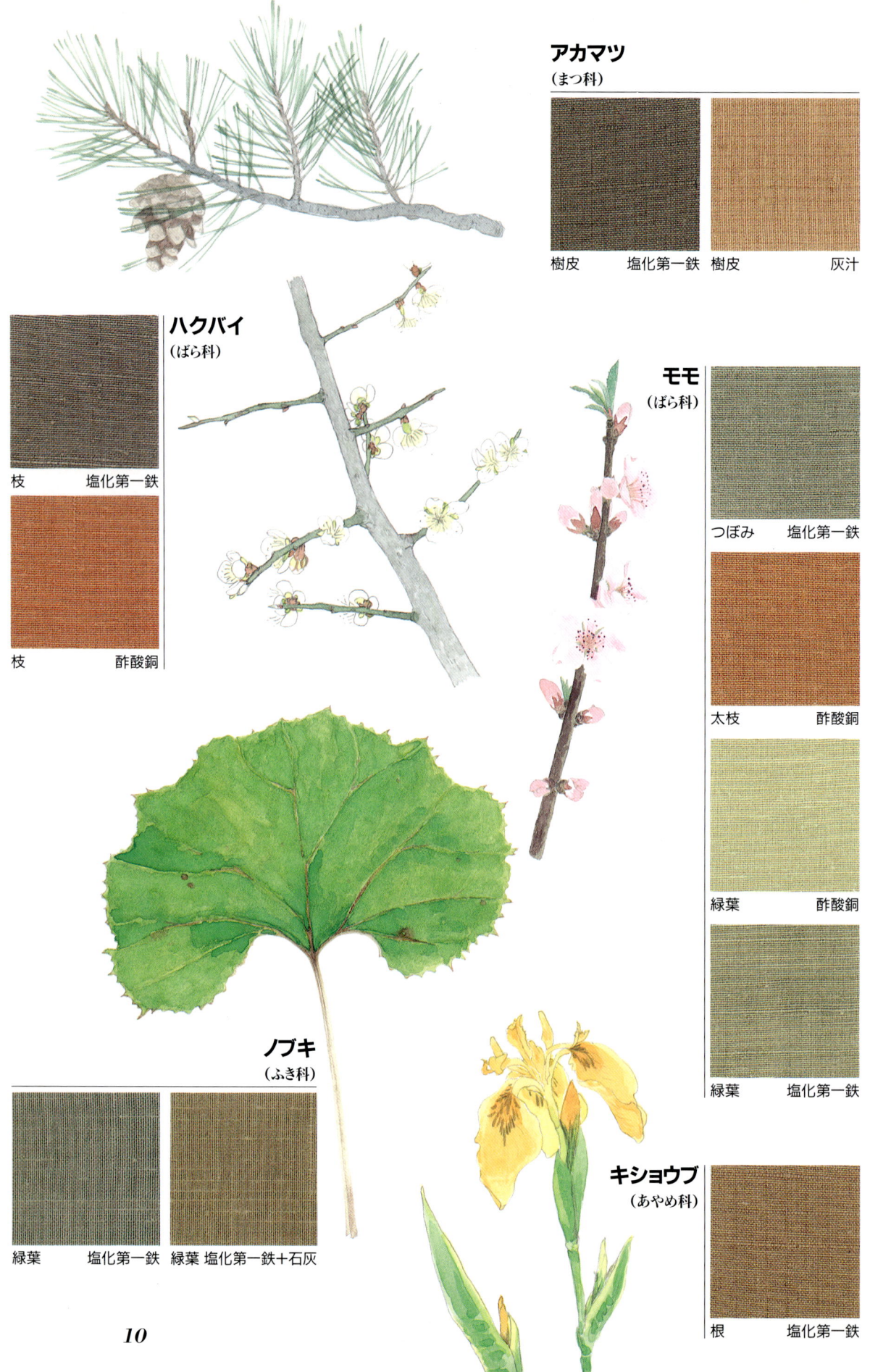

根　塩化第一鉄

ヨモギ
（きく科）

食べ頃の草　塩化第一鉄

食べ頃の草　酢酸銅

開花直前の草　塩化第一鉄

開花直前の草　酢酸銅

オオヤマザクラ
（ばら科）

幹　塩化第一鉄

幹　酢酸銅

幹　酢酸アルミ

幹　塩化第一錫

イタヤカエデ
（かえで科）

緑葉　塩化第一鉄

緑葉　塩化第一鉄+石灰

緑葉　酢酸銅

緑葉　塩化第一錫

コアカソ
（いらくさ科）

葉茎　塩化第一鉄

葉茎　酢酸銅

葉茎　酢酸クロム

サルトリイバラ

（ゆり科）

葉茎　塩化第一鉄

葉茎　酢酸銅

葉茎　酢酸アルミ

クズ

（まめ科）

落花後葉　酢酸銅

開花前葉　酢酸銅

開花前葉　酢酸アルミ

オニグルミ

（くるみ科）

青果皮　塩化第一鉄

青果皮　酢酸銅

青果皮　ミョウバン

ササ

（いね科）

葉　酢酸銅

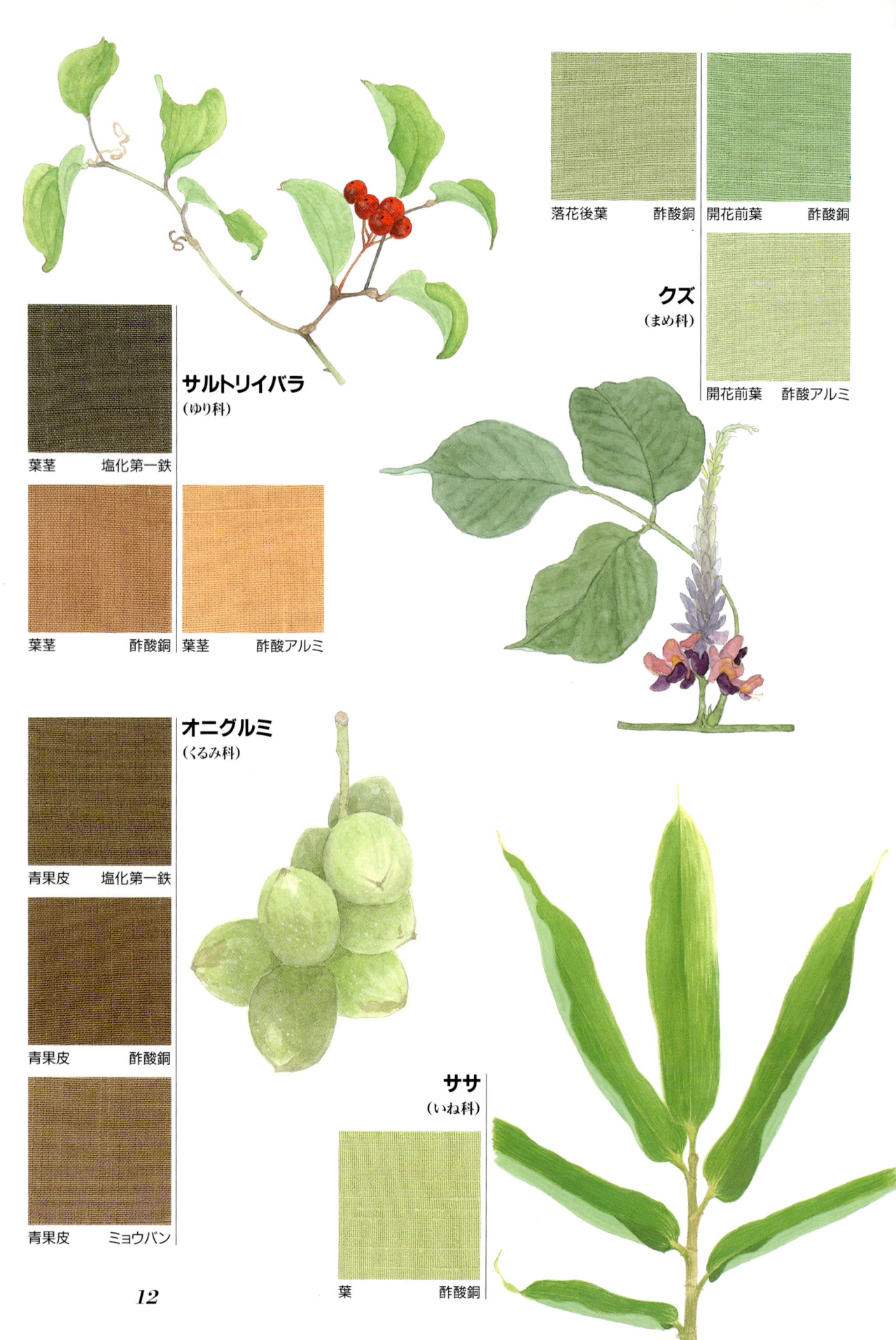

タニウツギ

（すいかずら科）

緑葉　塩化第一鉄

緑葉　酢酸銅

緑葉　塩化第一錫

バッコヤナギ

（やなぎ科）

樹皮　塩化第一鉄

樹皮　酢酸銅

緑葉　塩化第一鉄

ヤマボウシ

（みずき科）

緑葉　塩化第一鉄

緑葉　石灰

ホップ

（いらくさ科）

全草　酢酸銅

全草　炭酸カリウム

イタドリ
（たで科）

根　塩化第一鉄

根　石灰

根　塩化第一錫

ザクロ
（ざくろ科）

果皮　酢酸銅

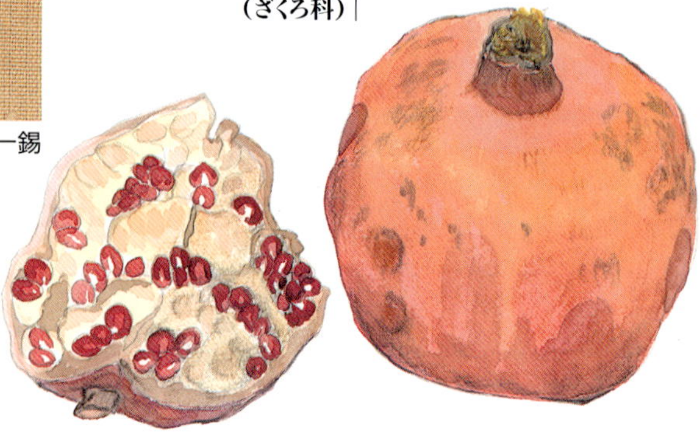

ミズナラ
（ぶな科）

緑葉　塩化第一鉄

樹皮　酢酸銅

緑葉　酢酸銅

クリ
（ぶな科）

緑葉　塩化第一鉄

緑葉　酢酸銅

幹　酢酸銅

幹　塩化第一鉄

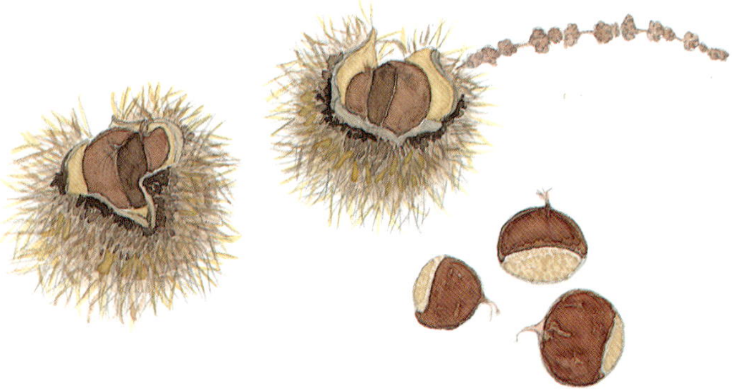

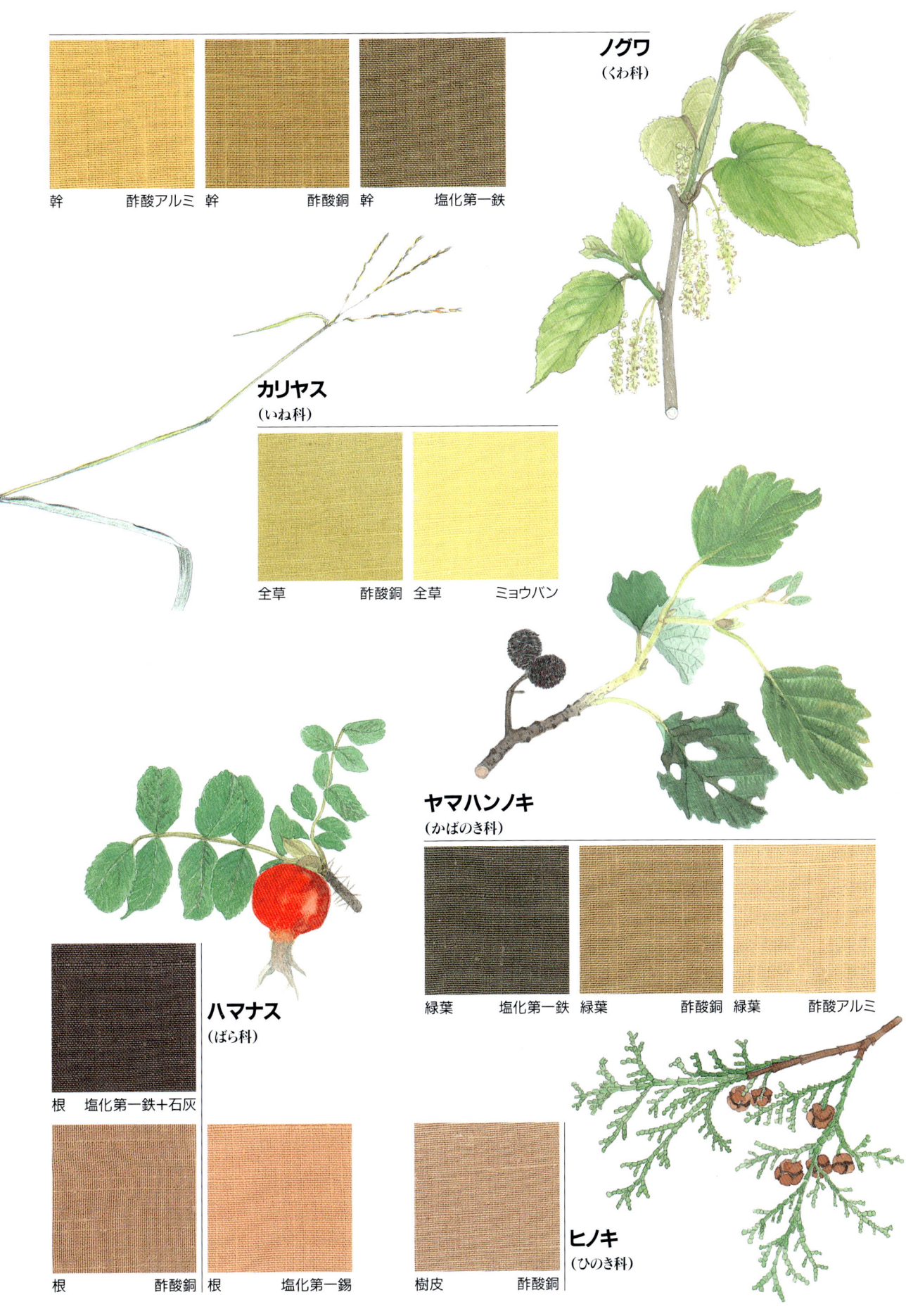

ノグワ
(くわ科)

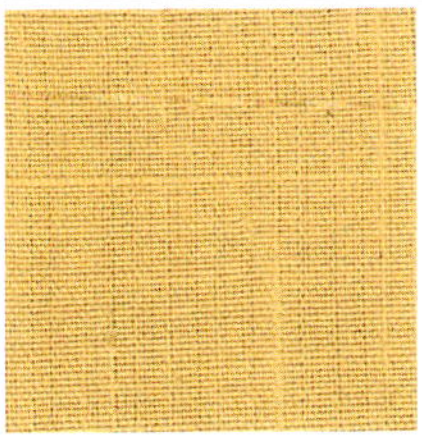
幹　酢酸アルミ

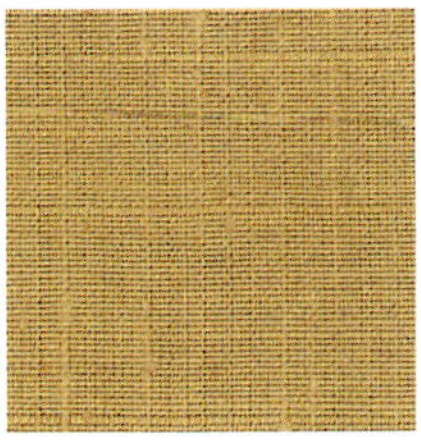
幹　酢酸銅

幹　塩化第一鉄

カリヤス
(いね科)

全草　酢酸銅

全草　ミョウバン

ヤマハンノキ
(かばのき科)

緑葉　塩化第一鉄

緑葉　酢酸銅

緑葉　酢酸アルミ

ハマナス
(ばら科)

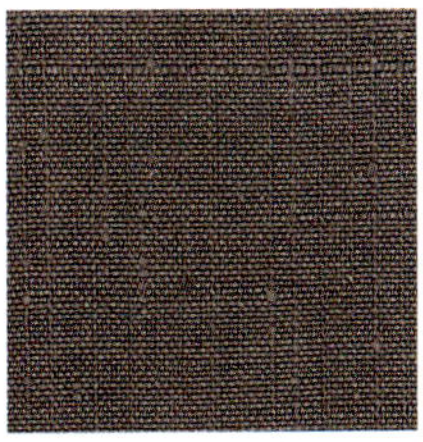
根　塩化第一鉄＋石灰

根　酢酸銅

根　塩化第一錫

ヒノキ
(ひのき科)

樹皮　酢酸銅

草木の部分と媒染の色目-1

染料名	使用部位	使い方	塩化第一鉄	酢酸銅	塩化第一錫	酢酸アルミニウム
ソヨゴ	緑葉	生				
ウメ	枝	生				
ウメ	樹皮	生				
オオヤマザクラ	枝	生				
レンゲツツジ	緑葉	生				
ツバキ	殻斗	生				
ミツバツツジ	緑葉	生				
ウリハダカエデ	緑葉	生				
イタヤカエデ	緑葉	生				
イロハモミジ	緑葉	生				
ボケ	枝・葉	生				
コバノガマズミ	枝・葉	生				
ミヤマガマズミ	枝・葉	生				
ズミ	葉	生				

「生」は、採集してすぐに使う。「乾」は干して保存できるもの。

ミョウバン	炭酸カリウム	消石灰	灰汁	酢酸	酢酸クロム	備考（採取季節）
						通年
						春
						春 樹・葉も染まる
			◀鉄媒染仕上げ後 石灰水にとおす			春 葉も染まる
						初夏
						秋〜初冬
						春
						夏
			◀鉄媒染仕上げ後 石灰水にとおす			夏〜初秋
			◀鉄媒染仕上げ後 石灰水にとおす			夏〜初秋
						春
						秋
						秋
		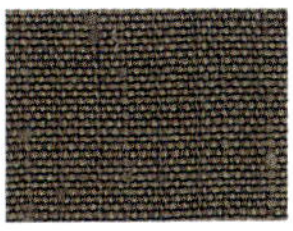	◀鉄媒染仕上げ後 石灰水にとおす			夏〜秋 樹も染まる

草木の部分と媒染の色目-2

染料名	使用部位	使い方	塩化第一鉄	酢酸銅	塩化第一錫	酢酸アルミニウム
タンポポ	花	生				
アメリカセンダン草	全草	生				
ヤマハギ	枝・葉	生				
ドウダン	緑葉	生				
マンサク	枝・葉	生				
ヤブデマリ	葉	生				
オウレン	根	生・乾				
ネム	葉	生				
イタドリ	根	生				
ギシギシ	根	生				
スイバ	根	生				
スギナ	全草	生				
ドクダミ	緑葉	生				
キササゲ	葉	生				

「生」は、採集してすぐに使う。「乾」は干して保存できるもの。

ミョウバン	炭酸カリウム	消石灰	灰汁	酢酸	酢酸クロム	備考（採取季節）
						初夏 一番咲きの花が染まる
						夏～秋
						秋
						夏
						夏～秋 樹も染まる
			◀鉄媒染仕上げ後 石灰水にとおす			夏～初秋 枝・樹も染まる
						秋
						春～夏 樹・根も染まる
						秋
						秋
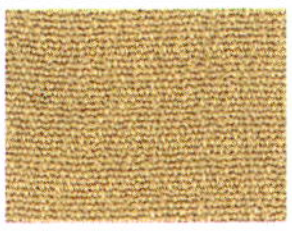						秋
						夏
						夏
						夏～秋 種ざや・樹も染まる

草木の部分と媒染の色目-3

染料名	使用部位	使い方	塩化第一鉄	酢酸銅	塩化第一錫	酢酸アルミニウム
ナンキンナナカマド	枝・葉	生				
クルミ	緑葉	生				
ニシキギ	枝・葉	生				
モクレン	葉	生				
スギ	樹皮	生				
ヒノキ	樹皮	生				
ヌルデ	緑葉	生				
ウルシ	緑葉	生				
ウメモドキ	緑葉	生			◀アルカリ煮出し	
エンジュ	実	生				
セイタカアワダチソウ	全草	生				
ススキ	全草	生				
イチイ	幹	乾				
タマネギ	表皮	乾				

「生」は、採集してすぐに使う。「乾」は干して保存できるもの。

ミョウバン	炭酸カリウム	消石灰	灰汁	酢酸	酢酸クロム	備考（採取季節）
						夏
						夏～秋 果皮・樹皮も染まる
						夏
						夏
	鉄媒染仕上げ後▶ 石灰水にとおす	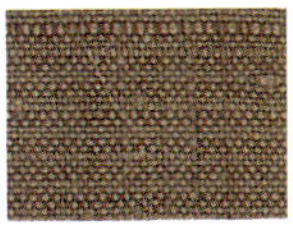				夏～秋～冬
			◀鉄媒染仕上げ後 石灰水にとおす			夏～秋～冬 樹皮も染まる
						夏
						夏
						秋
						秋
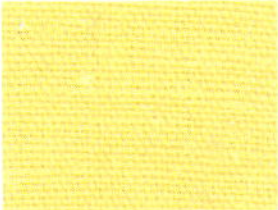						秋
						夏
						通年
			◀鉄媒染仕上げ後 石灰水にとおす			通年

草木の部分と媒染の色目-4

染料名	使用部位	使い方	塩化第一鉄	酢酸銅	塩化第一錫	酢酸アルミニウム
シラカバ	樹皮	生				
クヌギ	殻斗	乾				
キビ	葉	生・乾				
アカネ	実	生				
アカネ	根	乾			灰汁先媒染▶	
スオウ	樹木	乾				
コチニール	虫	乾				
ターメリック	根	乾				
ペーパーミント	葉	乾				
カモマイル	葉	乾				

「生」は、採集してすぐに使う。「乾」は干して保存できるもの。

この表に取り上げた色は、すべて天然染料となるものを煮出し、その液で染める「煮染め」という方法で染めたものです。「煮染め」のほか、色素を取り出す方法としては、染料を発酵させ、その発酵液で染める「発酵建て」という方法もあります。藍染めがその代表で、藍を「建てる」と呼ばれています。また、チューリップの花弁や紅花のように、助剤を加え「もみ出し法」で色素成分を取り出す方法があります。これらは、媒染の作業をしなかったり、ごく補助的に行うだけのものがあります。

藍１回染め

藍３回染め

ミョウバン	炭酸カリウム	消石灰	灰汁	酢酸	酢酸クロム	備考（採取季節）
						通年 葉も染まる
						通年 葉・樹も染まる
						秋
						秋
			◀灰汁先媒染後酢酸アルミ媒染			夏～秋
						専門店で購入
						専門店で購入
						食品店で購入
						専門店で購入
						専門店で購入

藍５回染め

藍生葉染め

◀藍について

タデ科の草・藍の葉を堆肥のように積んで発酵させ、それを固めたものを「すくも(蒅)」と呼んでいます。それに再び助剤を加えることによって生き返らせ、色素を取り出すのです。

染め方は39ページで説明しますが、ごく保温するくらいで、空気に広げたり水で洗うことで発色します。

藍の生葉で染める方法もあります。プランターや畑の隅で藍を育て、夏から初秋の緑葉を採り、ミキサーでどろどろにしたものを布でこして、その液に漬けこむだけで色はつきます。これも媒染はオキシドールに通すだけで仕上がります。

草木採集のタイミングとポイント

草木を染料として使うには、草や木の種類によって採集の時季を選ぶ必要があります。適期を過ぎると、色が濁ってくるものがあったり、なかにはまったく染料として使えないものもあります。

◉採集してすぐに使うもの

ヨモギ、キク　ヨモギは餅草といって、早春の若葉を食用としますが、染料として使うときは、硬くなって食用にできなくなった以降のものを選びます。深い青グレーに染め上がります。

タンポポ（花）　最初に咲いた花を使います。3番、4番咲きになると、うまく染まってくれません。

クヌギ・クリ・ナラ・カシワ　まだ紅葉しない時季の、深い緑の葉を採集します。枯

❶キササゲの豆
❷キビの葉
❸カリヤス
❹キハダ
❺クヌギの実（殻斗）
❻クワの幹
❼ゲンノショウコ
❽クリの木
❾矢車附子

れた葉は利用できません。

ススキ　出穂前で、広葉のよく育ったものを採集します。

チューリップ（花）　開花直後の花びらを使います。赤、紫、黄など、花の色によって染め上がりの色が違うので、色別に採集してください。

クズ　開花前を使う。

ウメ・リンゴ・ナシ　枝葉ともに、開花前が適しています。早春、まだ蕾の硬いうちに枝を剪定しますが、その枝を利用するとよいでしょう。

トチ・クルミ　枝葉だけでなく、果皮もたいへんよく染まります。手にはいるならぜひ染めてみてください。果実はなるべく木についているうちに採集します。

◉干してから使うもの

乾燥保存できるものはそれほど多くありません。樹木の中には時として何十年、何百年を経たものでも染まるものがあります。

ゲンノショウコ　開花前後に採集します。根ごととって水洗いした後、陰干しします。

サフラン　開花時期に雌しべをピンセットで摘み取り、天日ですばやく乾燥させます。

アカネ　根を掘り上げ、土のついたまま天日干しします。

クチナシ　完熟に近い黄色くなってきた実を摘み取って干しておきます。

クリ　落下したイガもたいへんよい染料として使うことができます。よく干して、虫が発生しないようにして保存します。

クリ・ナラ・クワ・ケヤキ・カツラ・サクラ・ウメ・ウワミズザクラ　これらの樹木は、幹を使いやすい寸法に切り、そのまま保存します。樹皮をはぎ取っておくと虫が発生しません。

キハダ　幹から皮をはぎ取り、コルク質の外皮をはがして、中身の黄色の部分(中皮)だけを自然乾燥させます。生のうちに5～10㎝くらいの大きさに刻んで干しておくと、後から切りやすく、使いやすくなります。

ベニバナ　開花したらすぐに摘み取り、天日干しします。

ナラ・クヌギ・矢車附子(ハンノキ)　実を採集して保存します。実は落下したものでも、枝についているものでもかまいません。

丁字・ローズマリー・カミツレ・ターメリック　採集したら陰干しに。実や根は天日干しにして保存します。

ザクロ　実を数個に割り、種子を取って切り刻んだのち干します。

2

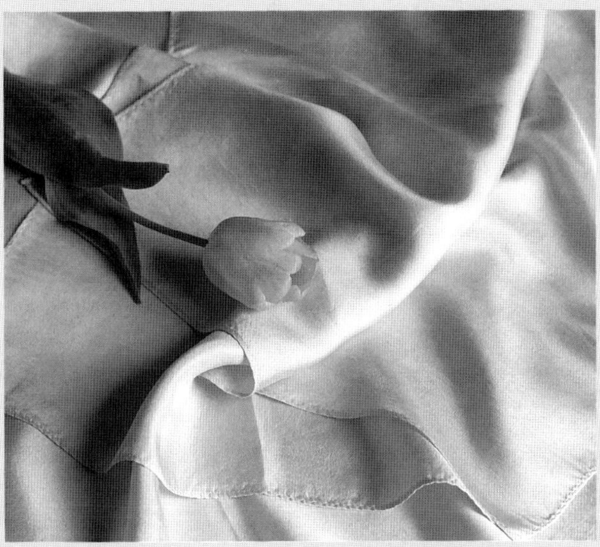

PART2　草木染めの基本

道具

◆小さなハンカチくらいのものを染めて楽しむならば、それほど大きな容器はいりません。わたしはもともと草木染めは台所でもできるという考え方ですが、この本でもつくりました浴衣やのれん大のちょっと大きいものを染めようとすると、台所にある鍋類だけではむりになります。ガス台も日常料理に使っているものでは小さくて不安定ですし、作業中に危険もともないます。染めるものに見合った容器や道具を準備していただきたいものです。

◆染色をするにあたっては、容器や道具の大きさだけでなく、その材質に注意が必要です。あるとき、婦人学級の染色教室に参加された方が持参された道具を見てびっくりしました。その道具とは、山菜の水煮漬けのスチール缶を利用して染めておられたからです。

廃品利用は大いにけっこうなのですが、スチール製（鉄）は絶対にいけません。容器の鉄が溶け出して色が濁ってしまい、美しい色の仕上がりになりません。また、染めたものが鉄製品にふれると黒く汚れになったりしますので、注意が必要です。

容器は、ステンレス製、ガラス製、ホーロー製のもの、バケツはプラスチック製のものとしてください。

◆「大は小を兼ねる」といいますが、集める染色材料の種類や量によって、いくつかの大きさの容器を用意して使い分けるようにするとたいへん便利です。

わざわざ染色専門店で購入しなくとも、近所の荒物店やホームセンターで扱っている料理用や庭仕事用品のなかにも利用できるものがあります。それらを購入して染色専用の容器として使えばよいでしょう。

ポリバケツ（20ℓ）2個

ステンレスまたは、ホーローのボール（2〜3個）

計量カップ（2ℓ）

計量カップ（500cc）

◆台所にある料理用道具を使った場合も、劇物などの強いものを入れないかぎり、使い終わった後で磨き粉などできちんと洗えば、また料理用として安心してお使いいただけます。

取りそろえておく道具と容器

ステンレス浅型鍋（24ℓ）

染め棒（太さ1.5㎝×長さ50㎝）
割れていない竹または、
塩化ビニールの水道管を利用（2〜3本）

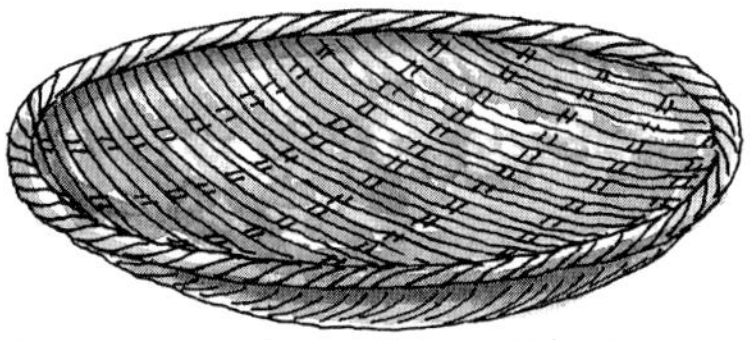

竹または、プラスチックまたは、
ステンレス製のザル
（バケツの口より大きいもの1個、
バケツの中にぎりぎり入るもの1個）

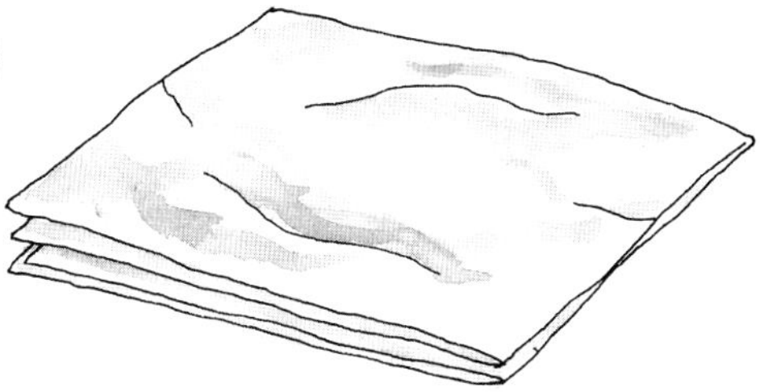

天竺木綿または化繊布1枚
（60×60㎝くらい）

ステンレス寸胴鍋（10〜20ℓ）

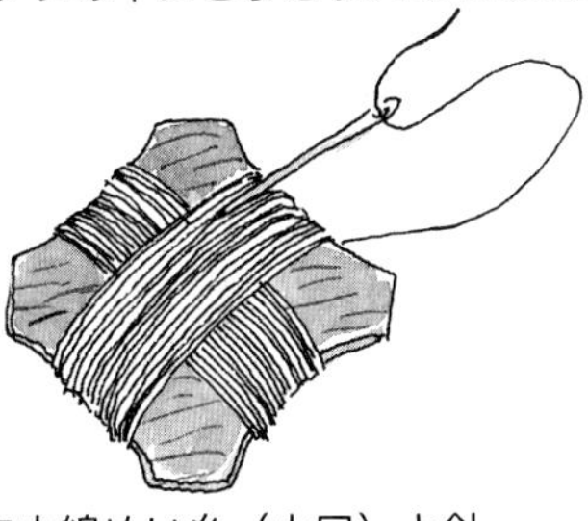

白木綿ぬい糸（太口）と針

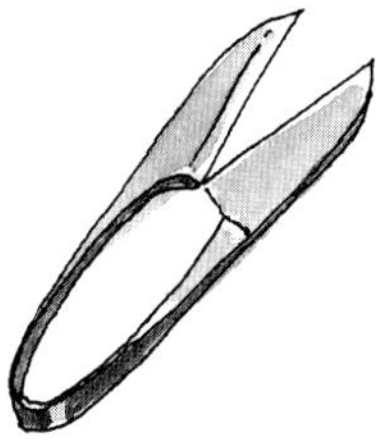

糸切りバサミ

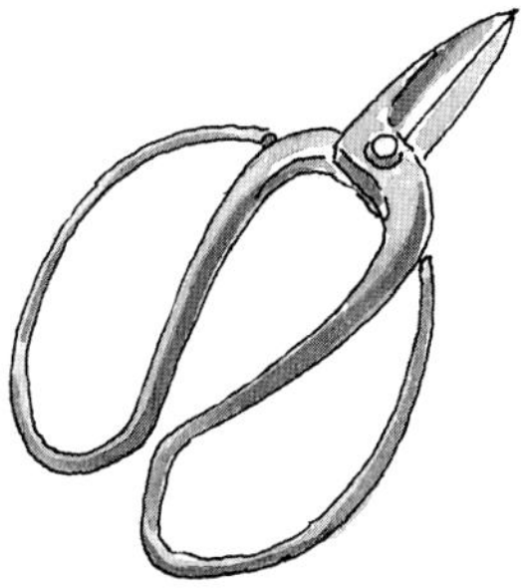

花バサミ

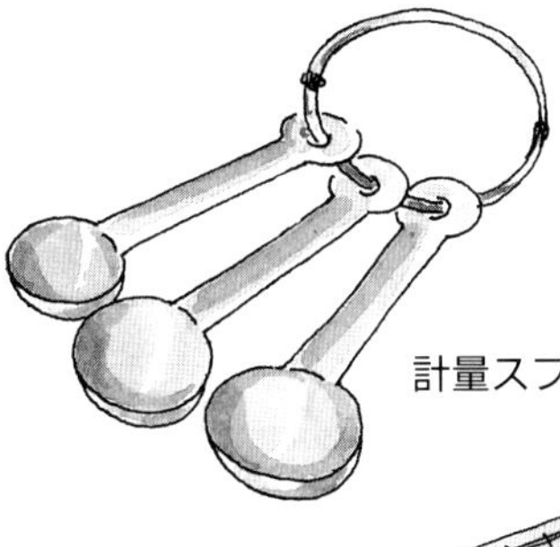

計量スプーン

秤

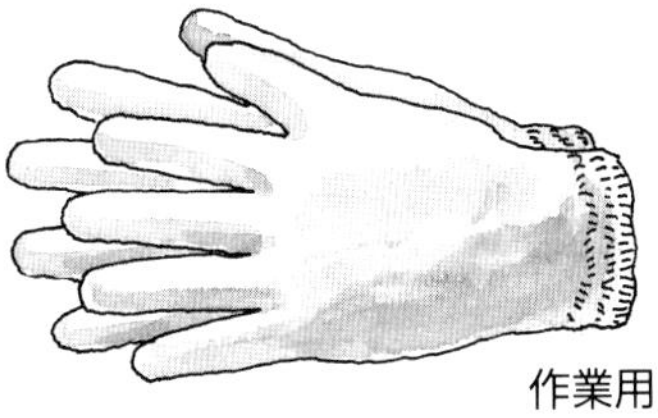

軍手1組
作業用ゴム引き手袋1組

ナタ（幹を割ったりするのに、
あると便利）

温度計

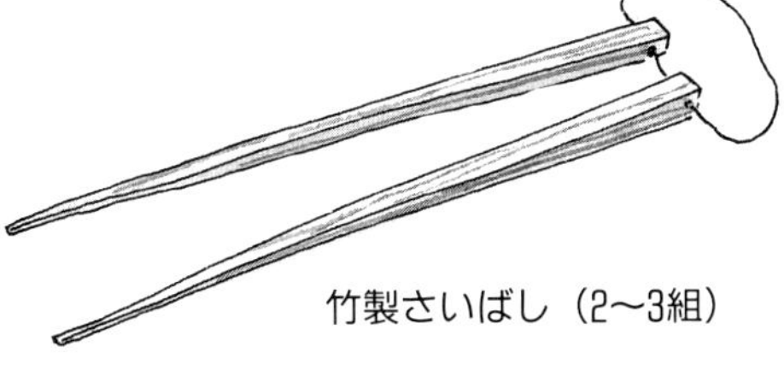

竹製さいばし（2〜3組）

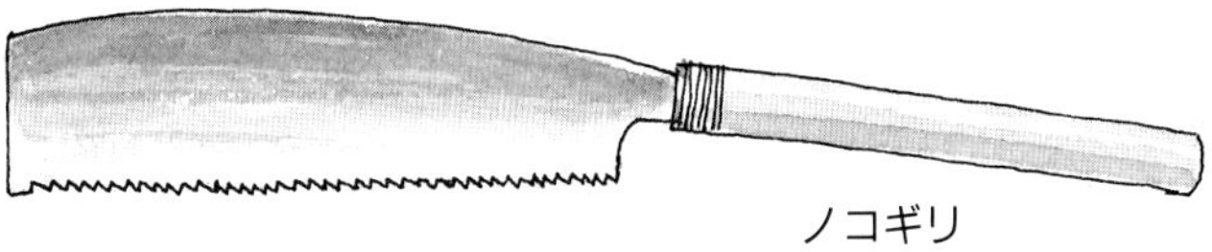

ノコギリ

染料

◆染料を選ぶ

草や木はそれぞれ色の出が違いますから、まず染めたい色を決めて、それに近い色を出してくれる草木染料を選びます。媒染剤になにを選ぶかによって色が変わるのはもちろんです。

また、染料採集時季が適期であるときは、その草木の一番美しい色を生かすことができますから、採集計画も大切になります。

◆採集した染料の調製

草木は刈り取ったり切り取ってきたものを、そのまま使うことはできません。色素を煮出すのにもっとも有効な寸法に切る作業が必要です。

草類　ハサミで3〜5㎝くらいの大きさに切ります。

木の枝類　2㎝前後の長さに切りますが、このとき斜めに切ると煮出したときに色素成分がたくさん出てくれます。小刀でゴボウをそぐ要領で切り刻むのもよい方法です。

樹皮類　木の枝と同じように2〜3㎝に細かく切ります。幹材の場合は、まず5㎝くらいの長さに丸太切りして、それをナタで二分し、さらに1㎝以内の厚さに薄く割ったり、細く割ったりして使います。ちょうど割り箸の2倍くらいの太さです。

果実類　外皮をできるだけ小さく割って使います。クリのいがやハンノキの種子など、種子に類するものはそのまま煮出してもかまいません。

▼
木の枝の処理の仕方

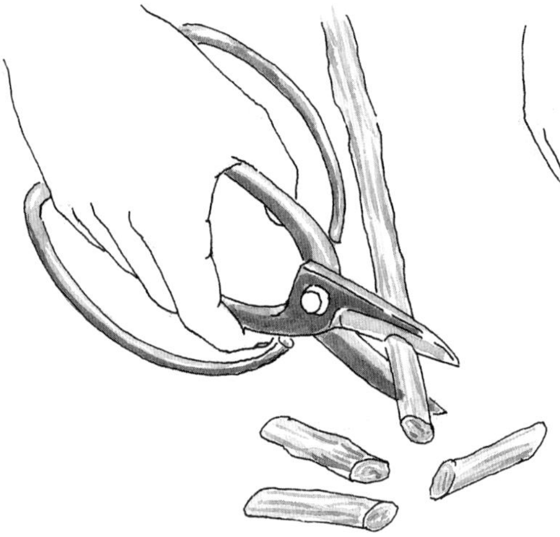

枝の切り方

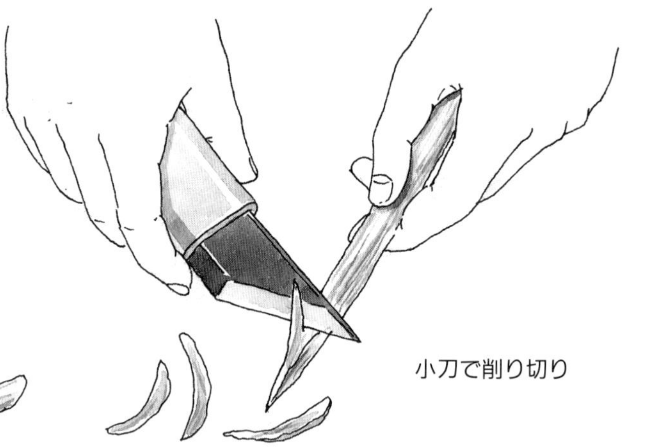

小刀で削り切り

板割りから角割りにする

◆染料の量の決め方

染める方法によって染料（染め液）の量の違いはありますが、少なくとも、染める糸や布が十分に浸るだけの量は必要です。むしろ、それより多めに染料をつくっておきます。煮染めの場合などはとくに、煮詰まっていくために、終わりの頃には液が足りなくなってきます。あわてて薄めると、できあがりに染めむらができる原因にもなります。

染料の量は染めようとする糸や布の重さによって決まります。

草木の種類や、その植物に含まれている色素成分量によっても異なります。色素が出やすいものと出にくいものとがありますが、およその目安として、**生の植物（葉・根・幹に関係なく）なら布などの量と同量、乾燥しているものならばその半分量**とします。**粉末状になっているものならば20％くらいの量**と考えればよいでしょう。

◆染料の煮出し方

野山から採集してきたら、ハサミを使って、枝類なら1～2cmくらいにぶつぶつと切ります。5cmくらいの葉なら二つ切り、10cmになると三つ切りくらいにします。幹などは5～6cmの長さに切り、さらに薄く割って、さらにまた細く割ります。大きな幹ならば、ナタで八つ割りして木っ葉状にしてもかまいません。ススキなどの長い草は4～5cmくらいに切ります。ともあれ、極力小さくすることです。

割り箸前後の太さになる

こうして草木を小さくしたものを鍋（寸胴鍋または浅鍋）にいれて、色素を煮出します。

さて、何回煮出すかが問題で、染める糸や布の量によって染料の量が変わってきますし、染めたい色目によっても何回目の煮出し液を使うかが決まってきます。

植物は化学染料と違って、色素成分を何種類も含んでいるものがあります。そのため1回目の液では黄色があっても、2回目の液では赤味をさしてくるもの、ときには3回目、4回目の液のほうがより鮮明度の高い色がでてくるものもあります。

樹皮や根・実などは4～6回、幹材は6～8回、草・葉・花弁は2～4回ほど染料を取ります。取った液は、各回の液を合計して染料とします。

◆染料は必ずこしてから使う

よく、染料となる材料をティーバッグのようにネット状の袋や布袋に入れて煮出し、袋を引き上げてそのまま染めに入る人もいますが、これはよくありません。染料はテトロン布または木綿布で一度漉してから染めに使うようにします。

粉末状のものならなおさらで、二度三度と漉して、浮遊物やオリなどを取り去って、より澄んだ染料をつくってください。それが美しい染め上がりのコツです。近回りしないようにして、じっくりかまえてとりかかりましょう。

媒染剤とそのはたらき

媒染剤

草木染めにかぎらず、染めの仕事のなかで、媒染する仕事ぬきにして染め物を仕上げることはできません。媒染することによって染めの仕事が決定づけられるといってもよいくらいです。

この媒染には、それぞれ金属性の薬品を使いますが、いきなりそこに入る前に、まず、媒染はどんなはたらきをするのか簡単に述べておきます。

◆媒染剤のはたらき

繊維には木綿や麻など植物性のものと、絹や毛糸のような動物性のものがあります。動物性繊維の成分はタンパク質ですし、植物性繊維の成分はセルロースです。

媒染剤を使わずに染めると、絹や羊毛のようにタンパク質の繊維はたいへんよく染まりますが、植物性のセルロースのものは染まり込みが悪く、助剤（P34参照）処理が必要になります。その上で染めに入るのですが、助剤を使っていてもやはり媒染は行わなければなりません。

模式図に表しましたが、繊維に付着した染料（色素）を固着させて落ちなくしたり、封じ込める役割をするのが媒染剤のはたらきの一つです。これを「染料の固定」といいます。

もう一つのはたらきが、色素を、媒染剤の持つ金属質と化学反応を起こさせて発色させることです。ですから、媒染剤をかえることによって、同じ染料でも違った色に染めあげることができるのです。このはたらきを「染料の発色」といいます。（Ｐ9～16を参照）

化学染料の場合も同様ですが、草木染めの場合はとりわけ媒染にこだわります。

草木から煮出しただけの染め液は、時として、色のない煮汁のような場合があります。そのなかに染めたい糸や布を入れて、煮る→媒染剤に漬ける→煮るといった工程をくり返して、求める色が初めて発色してくれるのです。もちろんこの工程で色を定着させ、色落ちを防ぐことができるのです。

▼
媒染剤のはたらき

動物性繊維

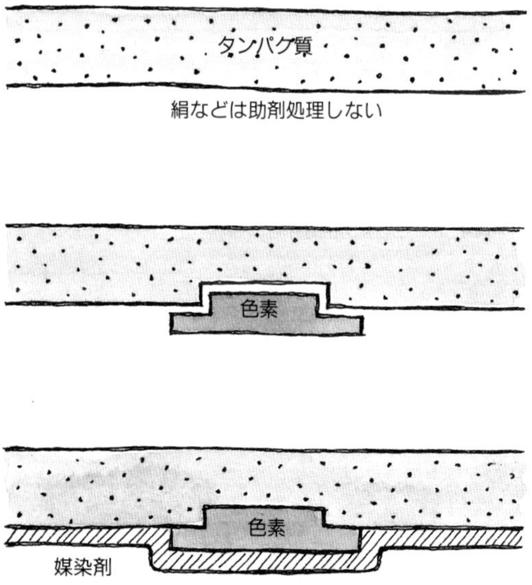

植物性繊維

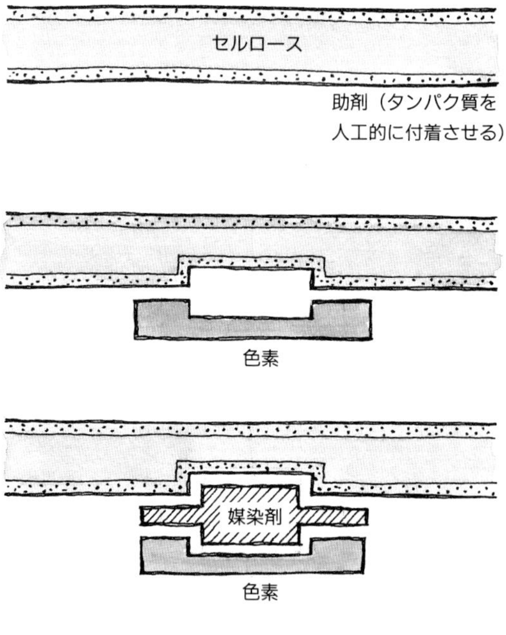

市販の媒染剤

◆市販の媒染剤

専門店や薬品店で入手できる媒染剤（薬品）について、代表的なものを取り上げてみましょう。なかには劇物のものもあり、購入するときに印鑑が必要になります。

塩化第一鉄

塩化第一鉄のほか、硫酸第一鉄、酢酸鉄などがありますが、同じ役目を果たします。

塩化第一錫(劇)

塩化第一錫のほか、錫酸ナトリウム、塩化第二錫などもあります。

酢酸銅

酢酸銅のほか硫酸銅もありますが、毒劇物なので酢酸銅を使うほうがよいでしょう。

炭酸カリウム

灰に含まれる成分と同じで、水に溶けやすく使いやすい薬品です。

酢酸アルミニウム

硫酸アルミニウムカリウム

「ミョウバン」のことです。

消石灰

酢酸（90%）

食酢の場合は、そのなかに3～5%の酢酸しか含まれていません。助剤として使うとき以外は酢酸を用います。

オキシドール

よく傷口の消毒に利用する過酸化水素水のことです。

ハイドロサルファイトコンク

藍建てのときに使う「ハイドロ」のことです。悪臭を発するので、換気をよくして使ってください。

クエン酸

酢酸クロム

似た名前のものに重クロム酸カリウムがありますが、廃水中に土壌汚染物質の六価クロムを含むので使わないようにします。

以上の薬品があれば、おおよその染めは十分に楽しむことができます。これらの物質は学校の実験室にあるものや食品添加物もあります。オキシドールは医薬品になっています。しかし、毒劇物指定されているものは取り扱いには十分注意してください。

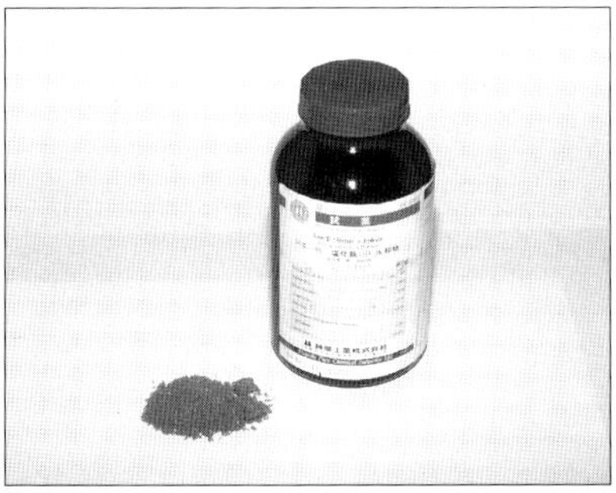

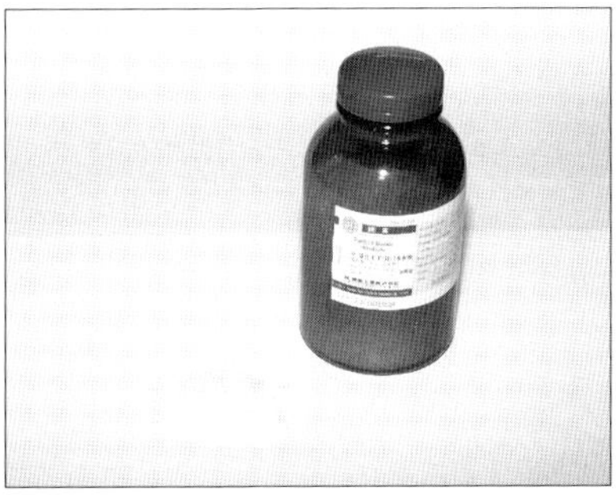

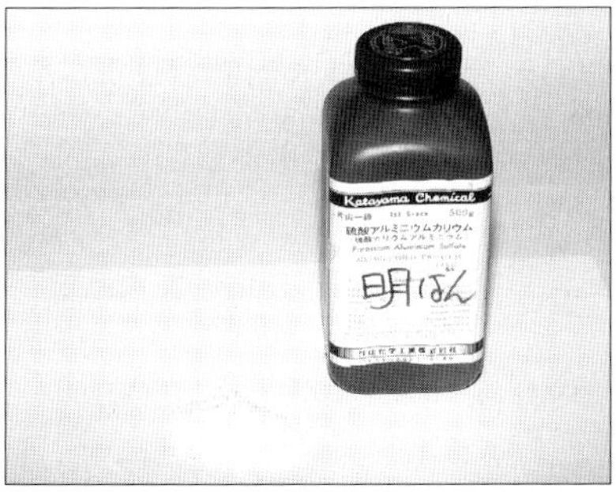

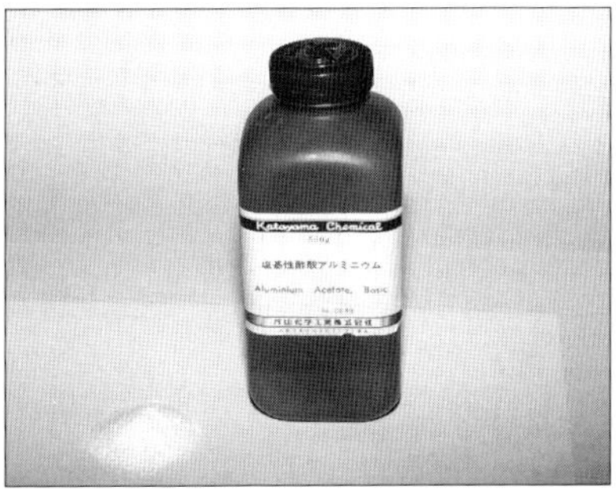

❶❷
❸❹❺

◀
媒染剤として使われる薬品類

❶塩化第一鉄
❷塩化第一錫
❸ミョウバン
❹酢酸アルミニウム
❺酢酸銅

◆手づくりの媒染剤

市販の代表的な媒染剤を先に取り上げましたが、ゆっくりと自分で手づくりする方法もあります。材料は身の回りにあるものを利用するだけで十分ですから、媒染剤の手づくりも楽しみの一つとなります。ただ、染める前から時間をかけてつくらなければなりませんから、日頃から心がけておかなければなりません。

古くは、土の中の鉄分やタンニンを利用して媒染していました。今日もその技法を伝えている大島紬の「泥染め」は、この方法による染め物です。ほんの百数十年前までは、全国いたるところで、田んぼの泥中の鉄分を使った媒染が行われていたとも聞きました。

■鉄漿（かね）

明治の中頃までは結婚した女性は、歯を黒く染めていました。平安時代では、公家たちが歯を黒く染めていました。「お歯黒」と呼んでいますが、これを「鉄漿」「鉄水」とも言います。

つくり方

広口空ビンに、古釘またはクズ鉄500gを入れ、塩をカップ1杯、小麦粉カップ半分～1杯を加えて、熱湯をカップ9～10杯注いでよく振り混ぜ、5～10日間そのままにしておくとできあがります。使うときは、一度布か

▼
鉄漿(かね)のつくり方

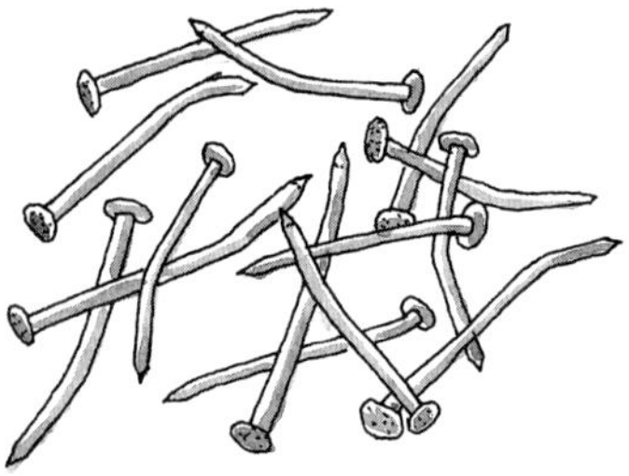

❶古釘やクズ鉄500gを準備する

❷広口ビンに古釘を入れ、塩1カップ、小麦粉半～1カップを入れる

❸熱湯9～10カップ入れる。この状態で5～10日間ねかせておく

❹酒空きビンなどに漉して入れ、保存しながら使っていく

茶こしで漉して、オロや古釘を出して、液汁を酒ビンなどに保存しておきます。

取りだした古釘は、次に新しく鉄漿をつくるときに使うことができます。おおよそ6〜7カ月間くらいで使いきるとよいでしょう。昔はこの液にチョウジの実などを加えて「お歯黒」としていました。

■灰汁（あく）

字のとおり、灰の中を通した水のことですが、水の中に灰に含まれているカリウムが溶け出して「灰汁」ができます。

木灰　樹木を燃やした灰ならば、どんな灰でもかまいません。山の木、庭の木など枝葉にいたるまで使用します。

ワラ灰　昔から絹糸の精錬や紅花染め、山菜をゆでるとき、金属の磨き粉にまで利用していました。

ツバキ灰　これは灰のなかでも、染めに利用するには最高といわれています。ヒサカキなどツバキ科の木は、古くからその灰汁が利用されていました。

つくり方

これらの灰を、まだ火が赤いうちに、水を張ったバケツのなかに投げ入れて、1〜2日そのままにしておきます。その上澄み液が灰汁で、ぬるっとしています。それを布で漉して使います。長持ちはしませんので、その都度つくって使いきるようにします。

▼アクのつくり方

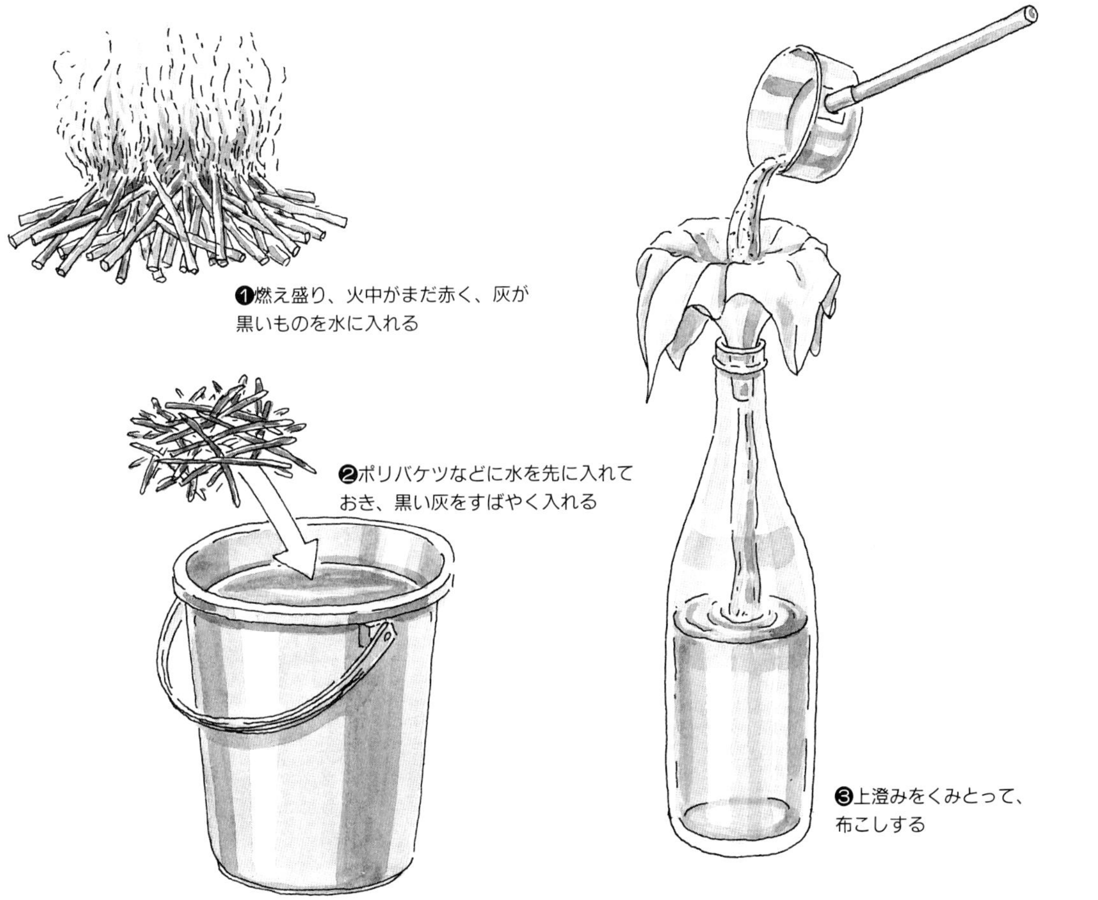
❶燃え盛り、火中がまだ赤く、灰が黒いものを水に入れる
❷ポリバケツなどに水を先に入れておき、黒い灰をすばやく入れる
❸上澄みをくみとって、布こしする

助剤

30ページで述べた、植物性繊維に人工的にタンパク質加工するのが「助剤」です。この助剤として適しているのが「豆汁《ごじる》」です。牛乳のタンパク質も使えますが、タンパク質の固着度が悪いので、めんどうでも豆汁を使うようにします。

木綿布を染めるときには、染める前にあらかじめ助剤で加工して、完全に乾かしておくことが大切な仕事になります。また、手描きなどをするときにも、下塗りや顔料を溶く液として使いますので、ぜひこの技術はマスターしておいてください。

豆汁《ごじる》　白ダイズカップ1杯を水につけて一晩おきます。ダイズがふやけたら、水ごとミキサーにかけてどろどろにし、布で漉します。できた白い液を豆汁といいますが、助剤として使うときは、これを10倍くらいに水でのばし、そのなかに染める布を30分ほどつけます。

このとき、よく染み込ませるためと、全面にむらなく染み込むようにするため、動かしながら仕上げます。絞って陰干しし、数日後に染めに入ります。

▼
助剤（豆汁《ごじる》）の
つくり方

❶白ダイズを一晩水につけておく

❷ミキサーにダイズを水ごと入れ、
ミキシングする

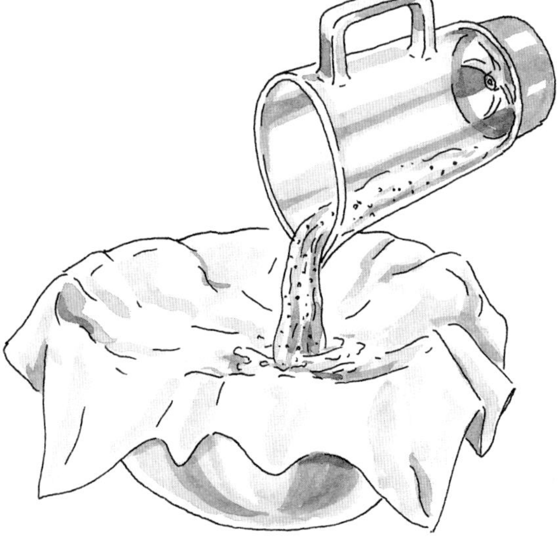

❸ドロドロのダイズ液を布で漉して
カスをとる

❹できた「豆汁」を10倍ぐらいにの
ばして、布をその中につける

媒染剤の量と残液の処理

◆媒染剤の濃度と量

媒染剤の量は、染める糸や布の量によって違ってきますので、あらかじめ染める材料の重さを計っておきます。その重さが、染めの仕事をしていくうえの目安となります。媒染剤の量の決め方も、その重さを目安にします。

計った重さに対する割合を示しますと

酢酸アルミニウム	5%
塩化第一錫	2%
酢酸銅	3%
ミョウバン	8%
塩化第一鉄	1.5〜2%

を標準として媒染剤を水に溶かし、液をつくります。

液の量は染めたい糸や布の量にもよりますが、3〜6ℓくらいつくればたいていのものは媒染することができます。

布がたっぷりつかる量は必要ですが、布や糸が液の上に浮き上がっていたり、布の下のほうに空気が入っている状態はいけません。よくつけこみ、空気を抜きながら媒染します。そのためには、ときどき上下を反転させてください。

◆残った媒染液の処理

残った媒染液は、使用済みの染料と容器を一つにして、そのなかに石灰をふりこみ、数日間そのままにしておくと、液のなかの残留物が底のほうに沈澱します。それを布で漉して、ゴミとして出し、水のほうは下水道に流します。

劇物指定されていない媒染剤は、使い終わったら下水道に流してもかまいません。

column -1

虫よけと草の汁

古くからの言い伝えに「藍染めの衣服を着ていると虫や蛇よけになる」というのがあります。私も子どものころ母からそう言い聞かされました。

沖縄地方でもやはりハブ（毒蛇）よけになると言われています。これは毒蛇の多い東南アジアに広く言われていることだそうです。たぶんにおまじない的なところがあるそうですが…。

子どものころの体験ですが、私の家は農家でしたので田んぼの畦草刈りなどをよくさせられました。蚊やブヨに手や足のいたるところを無数に刺され、血を吸われました。そんなとき、ヨモギや菊の葉、ドクダミの葉を手でもみ、汁を手や足にぬりつけました。最初は青い色だった汁がしだいに黄色に変わっていきますが、たしかに虫は近づいてきません。効き目が長持ちしないのでちょくちょくぬらなければなりませんでした。

ヨモギの汁は香りもよく、いちばん効果があったようです。

下準備

◆染め場スペースを清める

染めに取り組む以上、美しく染めあげたいのは当然の願いです。そうするためには、染料となる草木や染める布や糸にもやさしく接してあげなければいけません。

草木は生きものです。乾燥されて死んでいるように見えるものでも生きています。布も糸も生きているのです。保管の仕方や取り扱い方で布は荒れてしまったり、水気を取りすぎて黄斑がかったり、チリを付着させてしまうものです。

布が一番嫌う油分や金属分を指先につけていたりしないよう、よく手を洗ってから仕事にかかりましょう。

絞り加工などをするときは、テーブルの上に十分気を配ってください。まったく予期しないものが置かれていたりして、あわてることがあります。

▶ 毛糸をカセにする

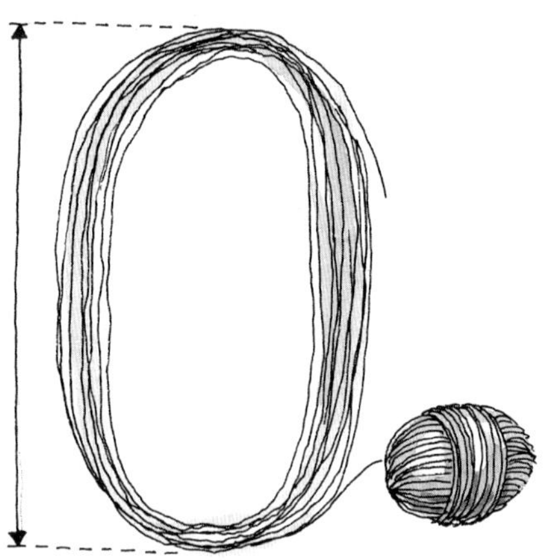

玉巻きから60㎝ほどのカセにもどす

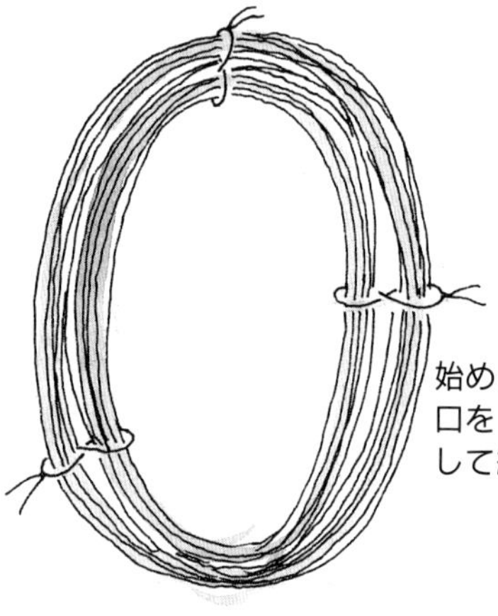

始めと終わりの糸口を8の字束ねにして結んでおく

2カ所ほどビニール紐で8の字にゆったりと結んでおく

染めにはいる30分ほど前に水につけておき、しぼってから染めにはいる。
染め棒に通し、70℃以下の温度の染め液で染め、ときどき糸を上下回転させる

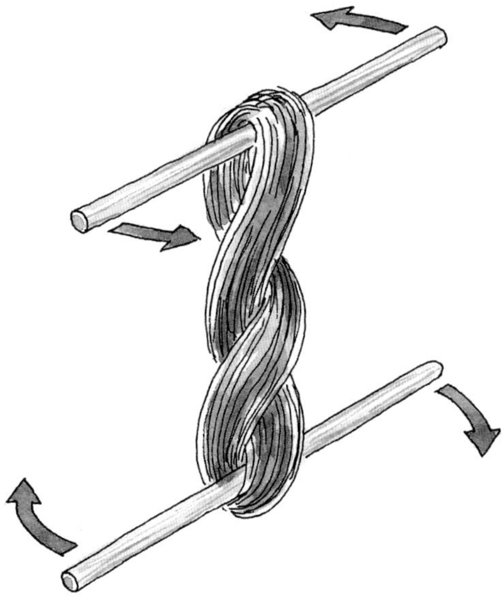

糸のしぼり方染め棒を2本使ってS字型にぐるぐるしぼっていく。

染める前の下準備

ペットもいたずらします。小さなお子さんにも注意が必要です。染料の煮出し作業や媒染剤の保管など、十分気を配ってあげてください。

◆毛糸の処理

この本の中では、編み物用に市販されている毛糸を使っています（ウール・羊毛）。玉巻きになっているので、いったん「カセ」にもどさなければなりません。

また、毛糸を購入するときは、表示番号を注意して確認しておき、買い増しなどのときは、同じメーカーの同じ番号のものを選びます。アクリル混毛はさけてください。純毛を選ぶことです。

毛糸は、染める前に特別の処理をしなくてもいい素材で、ぬるま湯に通してかるく絞ってから染めに入ります。

ハサミで切った切り口を白しつけ糸で縫っておく

大きいもの、幅のあるもの、長いものは、バスタオルなどを竿にかけて、その上にかけて干すとよい

◀ 糸や布の干し方

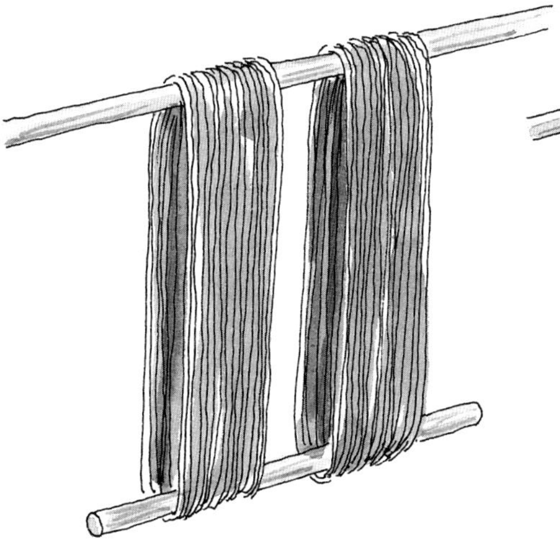

なるべく糸を広げるようにして、輪の中に染め棒1本を重石にして干すとよい

小さいものは、洗濯バサミを使って干す。竿に直接二つ折りにして干さないこと

布地の処理

◆絹地の処理

糸を染めるのも布を染めるのも技術的にはなんら変わりはありません。ここでは布の状態のものを扱います。

シルクデシン、ジョーゼット、羽二重、縮緬地、紬など、どんな生地でも、ここではなんの前処理もせずにすぐに染めにはいることができます。ただ、染め液に入れる前に、水またはぬるま湯によくひたしてから染めに入ってください。乾いたまま染め液の中に入れると、染まりやすい絹は、とかく「むら」になることがありますから注意してください。

布を小さく切って使うときは、織りミミ以外の切ったところをしつけ糸で粗く縫っておくと、布の織り糸がほつれてきません。

◆木綿の処理

ひと口に「コットン」と呼ばれていますが、ジーンズ、天竺木綿、晒木綿、浴衣地、ブロードなど、それぞれすこしずつ違っています。でも安価で使いやすい素材なので、大きめに購入して、目的の大きさに合わせて切って使ったほうが染めの仕事にかかりやすいのです。

手芸材料店ではシルケット加工が施されたものが売られていますから、それらを利用すると染まりも美しく見えます。最初は木綿のハンカチなどで腕だめしをしてみるとよいでしょう。

汚れのついた布やシーツの再利用をしたいときは、漂白剤か洗剤を入れて20～30分煮込んでからよく水洗いします。洗剤が残らないように、よく洗ってから染めに入ることです。

column -2 呉藍と韓藍

呉藍、韓藍。「くれない」と「からあい」と読みますが、くれないは「紅花」で、からあいは「藍」のことをさしています。いずれも中国あるいは朝鮮と、伝来したもとの国の名前をつけたものです。渡来したころには、赤も青も「藍」とされ、染料のことであったようです。当時は、紅師、紅屋、紅染師、もみ師と呼ばれていました。

染めものが専業化するのは室町時代から江戸時代の初めのことで、紺屋、茜屋、紫屋と染料によって独立した商いを始めるようになりました。

赤を染める職人は旗指物など武家の調度品を染めるのに、大名のお抱えとなることが多かったようで、お金に糸目をつけずに仕事をさせてもらっていたのではないでしょうか。当時、赤は藍よりはるかに高価であったゆえんもここらにあるのかもしれません。

一般民衆は赤などはほとんど楽しむことはありませんでした。紺屋で糸染めをしてもらったり、手織りした布を無柄に染めてもらったりしていたくらいで、江戸時代の末から明治のころの古着を見ますと、赤はほんのわずか襟裏や裾裏に見ることができるていどです。

赤く染めた裏地を「もみ」とか「もみ裏」と呼びます。「胴抜」に江戸縮緬の端布などが縫い合わせられたものに出会うと、目を引きつけられます。今のサラリーマンの背広に少々明るめのネクタイ姿にも似ていたでしょうか。

もう百年以上も前の話ですが、一般の主婦たちは紺屋で糸を染めてもらい、それを自分で織って仕立てていたにちがいありません。赤の色は、イチイをつかった赤褐色や茜を少々使うくらいであったでしょうか。当時、茜にしろ紅花にしろ、おもに薬として使われていました。野良着を染めるにはあまりにぜいたくすぎたのでしょう。

紺色に染められた昔の野良着に出会うとき、そんなことを思うのです。

基本の染め1

藍染めは、昔から「○○紺屋」などと呼ばれた藍染め専門職人の人々によって染められてきました。

本格的な藍建て（藍染料をつくることを“建てる”という）はなかなか技術が必要ですし、藍瓶を土に埋めるなど大がかりな染めとなります。

本格的な藍染めは私たちにはできませんが、手軽な藍染めの方法として「化学建て」があります。それでも手間と時間がかかります。この藍染めに取り組むときは、きちんとした準備と必要な道具などを手元に揃えてから取りかかります。

浴衣は何度も洗って着るものですから、染めは薄い色からゆっくりと生地に藍をなじませて行きます。一回の藍建てで3～4回染め、もう一度藍を建て直してさらに3～4回染めます。こうしてじっくりと染めた浴衣を何度か着たり洗ったりすると、深みのある、透明感のある色になってきます。

藍染めの浴衣（作品写真▶P62）

◇用意するもの（1回の藍建て分）

布600g
藍（蒅《すくも》）2kg
ハイドロ　100g
苛性ソーダ　1ℓ
酢酸　100cc

ポリバケツ（20ℓ以上の容量のもの）
竹製丸ざる（バケツの中に入る大きさ）
ステンレスボール
染め棒
ゴム手袋
レンガ片（1/2くらい）

◀
藍の葉

浴衣のデザインと絞りをつくる

❶厚手の画用紙を浴衣地の幅（36㎝）に切り、縦は図柄の１パターンの長さを取る（55㎝）
鉛筆で図柄を描き、カッターで切り抜き型をつくる

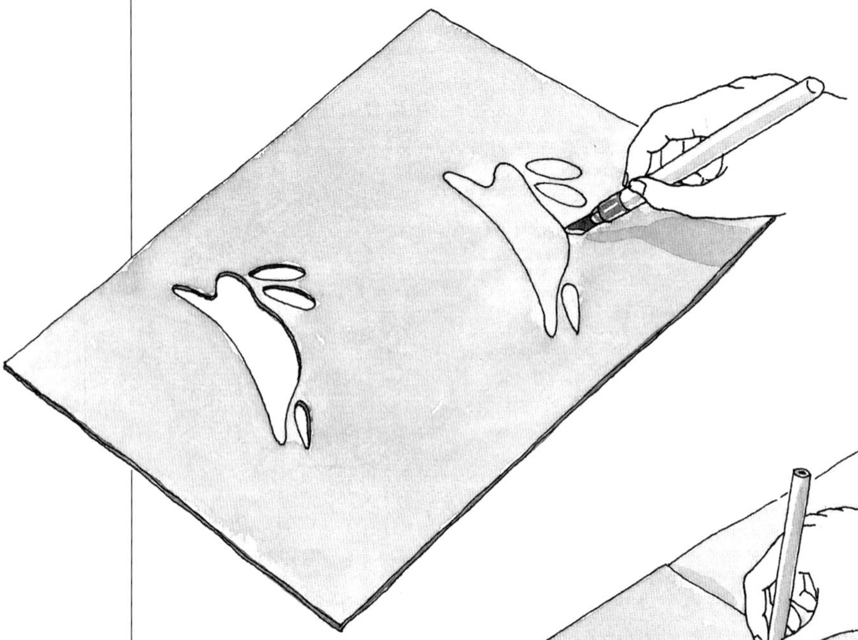

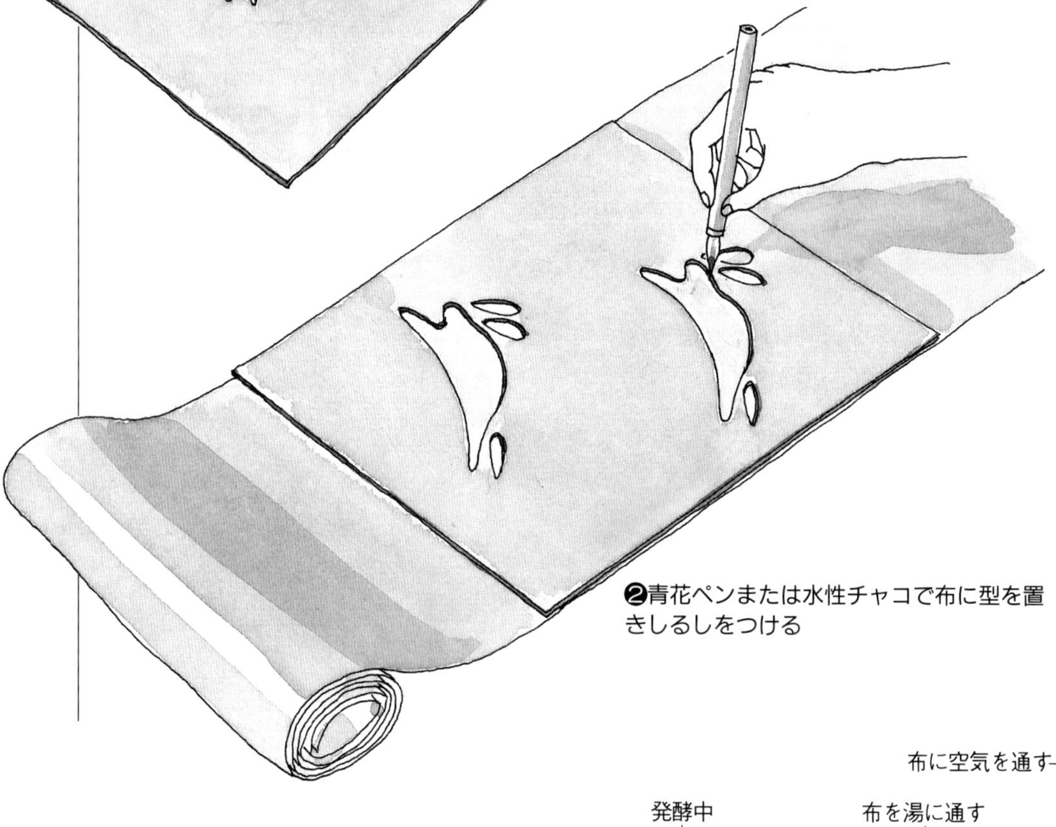

❷青花ペンまたは水性チャコで布に型を置きしるしをつける

▶ 菜ねり — 湯を加える — 苛性ソーダを加える — ハイドロを加える — ねかせる 2〜3時間（発酵中） — ザルを入れる — 布を湯に通す — 染め10分 — 布に空気を通す

◀ スチームアイロンかけ — 干す — ノリ付け — 水洗い

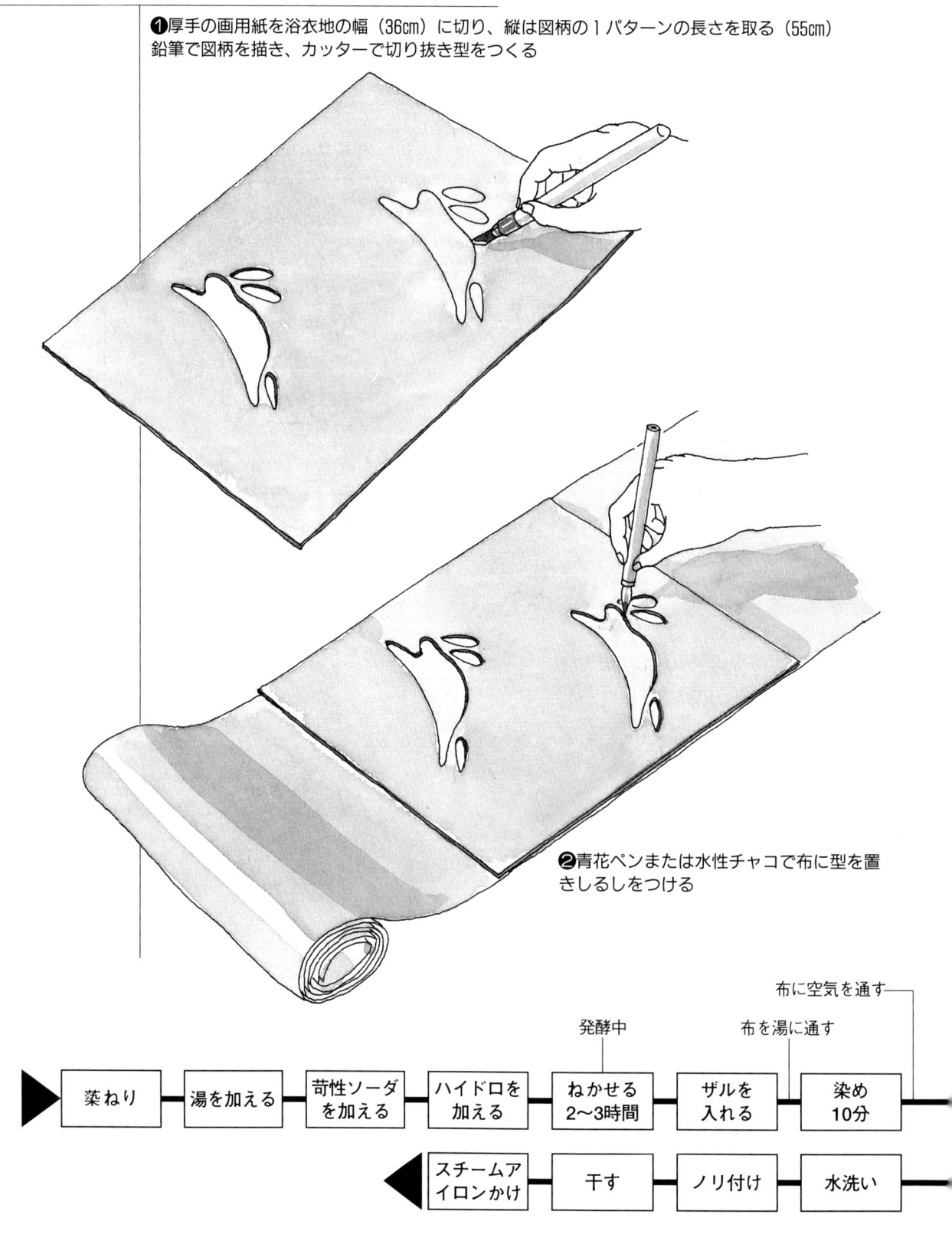

❸裁ち寸法を取り、ウサギが前後身ごろで逆さにならないように型紙を置く

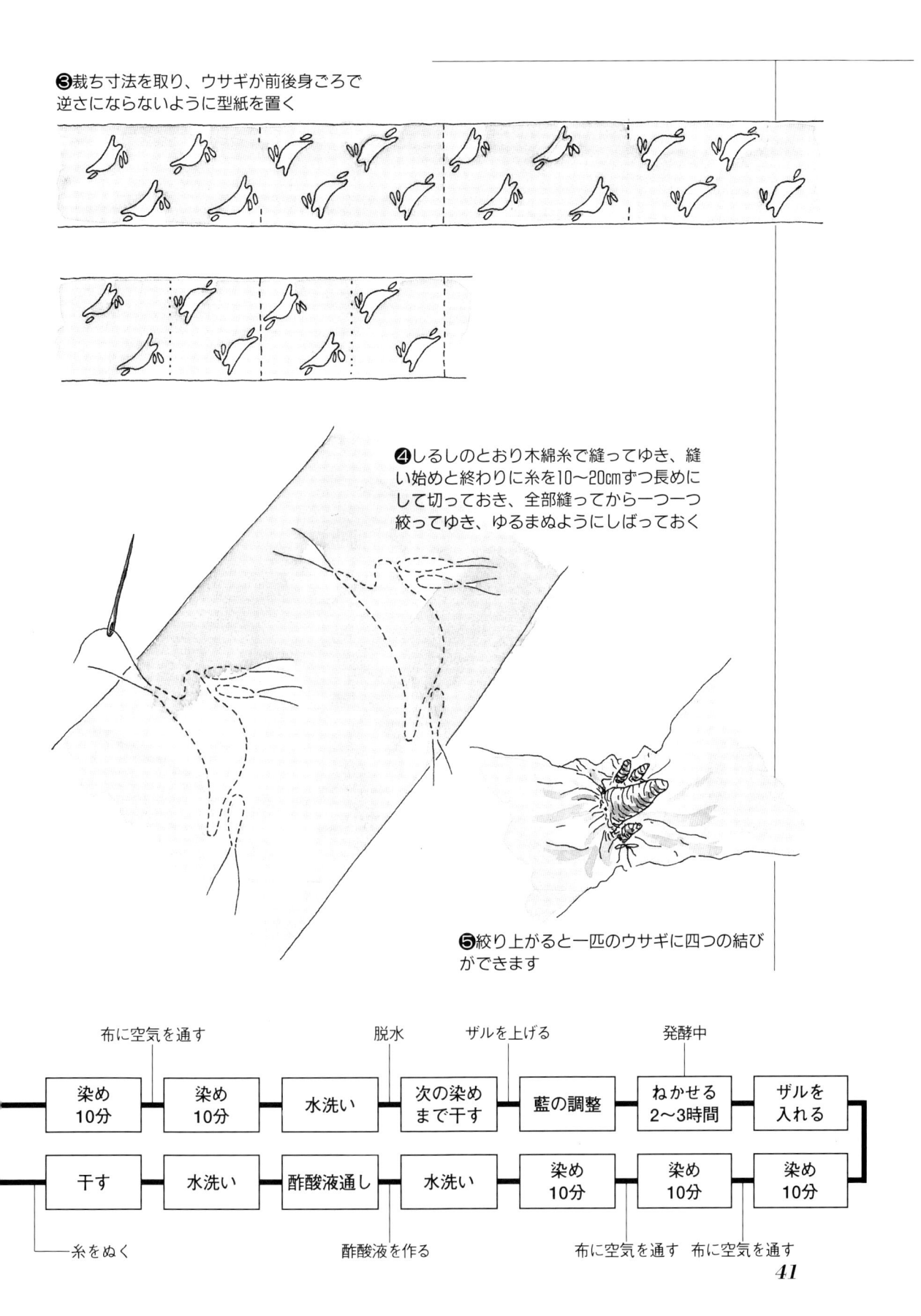

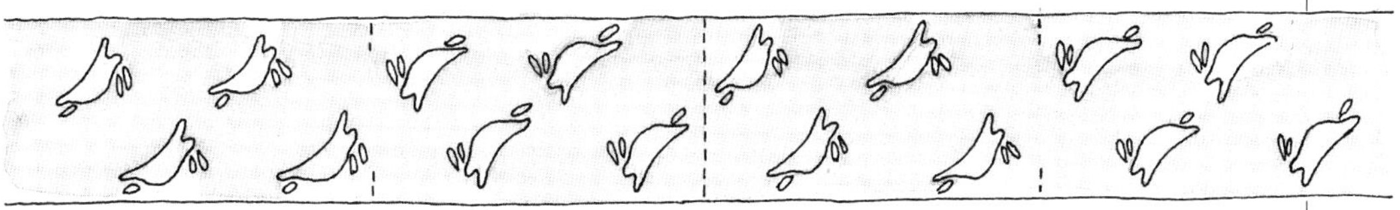

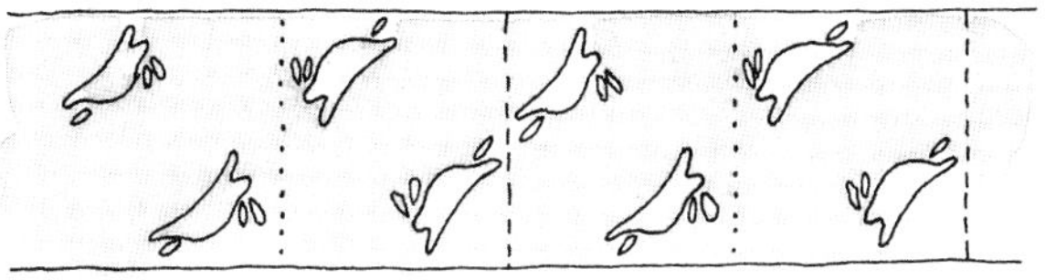

❹しるしのとおり木綿糸で縫ってゆき、縫い始めと終わりに糸を10～20㎝ずつ長めにして切っておき、全部縫ってから一つ一つ絞ってゆき、ゆるまぬようにしばっておく

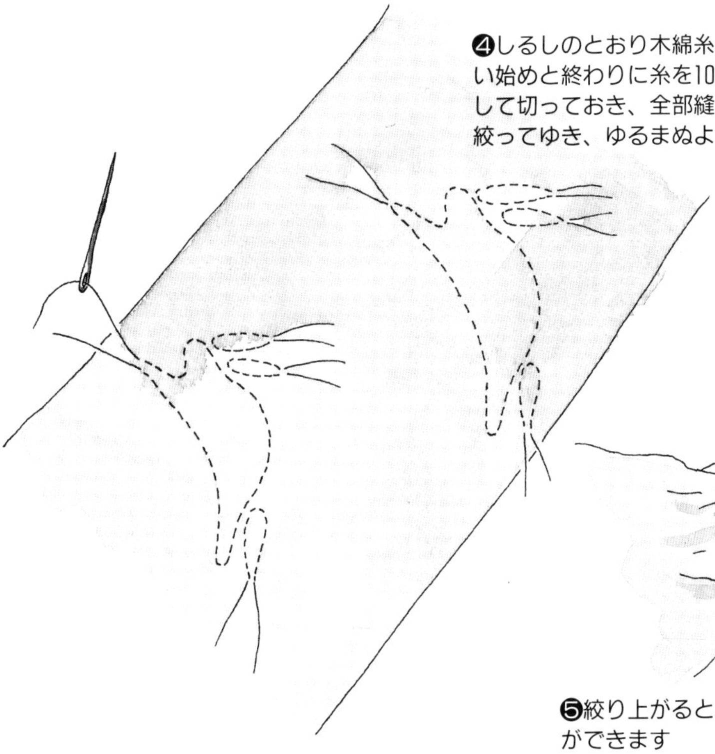

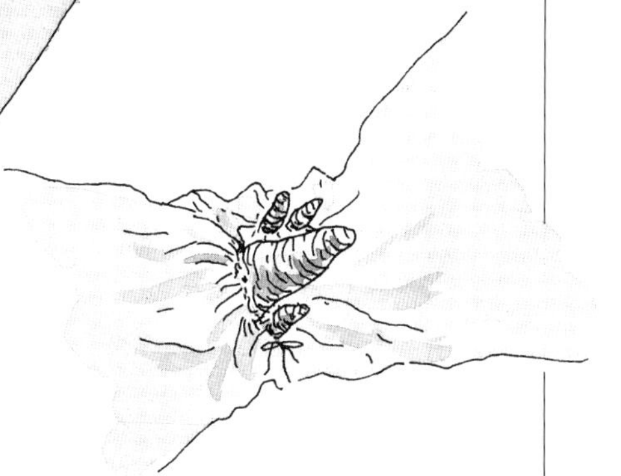

❺絞り上がると一匹のウサギに四つの結びができます

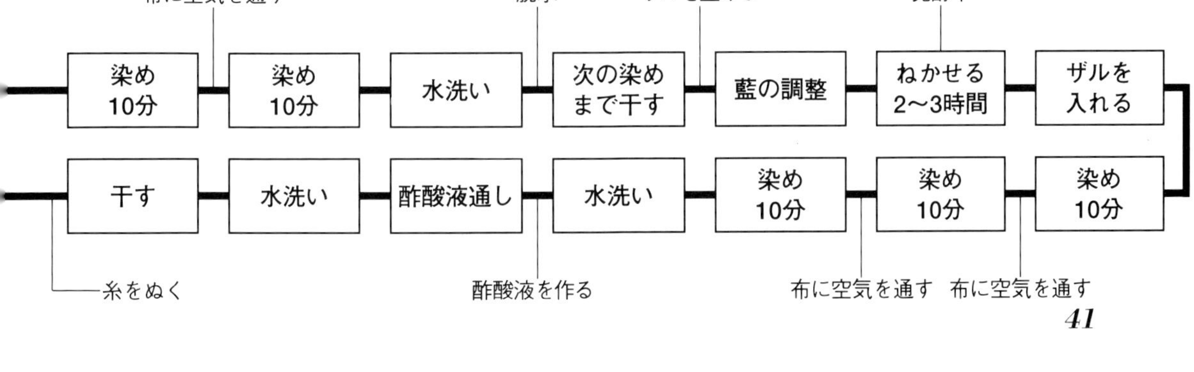

藍建て

❶藍（蒅）をボールに入れ60℃くらいの湯1ℓを注ぎ、よくもみほぐす

❷ポリバケツに60℃くらいの湯を約20ℓ入れ、❶を入れる

❸苛性ソーダ液１ℓを入れ、染め棒でかき回す

❹ハイドロ100gをふりまくように入れ、染め棒でかき回す。泡がでてきたらその泡を取り除く

❺むらなく混ざったら、液の上にできた泡を取り除き、ビニールで液面をラップしておく

❻2〜3時間そのままおき、その間に1〜2回ビニールをはずし、染め棒を使ってかき回す

❼液面にコガネムシの羽のように青い膜ができたら、藍が建っている証拠です

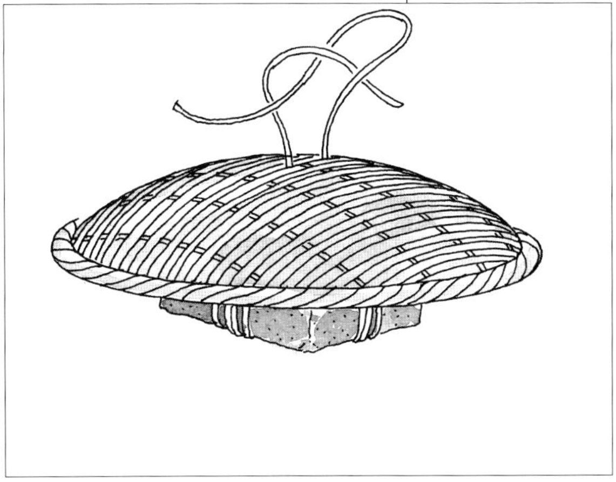

❽竹ざるを伏せて、その内側にレンガ片を結びつけて静かにバケツの底に沈める

❾この竹ざるは、底に沈んでいる藍が浮き上がって布に汚れがつくのを防ぐため

❿布を水またはぬるま湯に通し、かるく絞ったものを静かに入れて手早く染めに入る

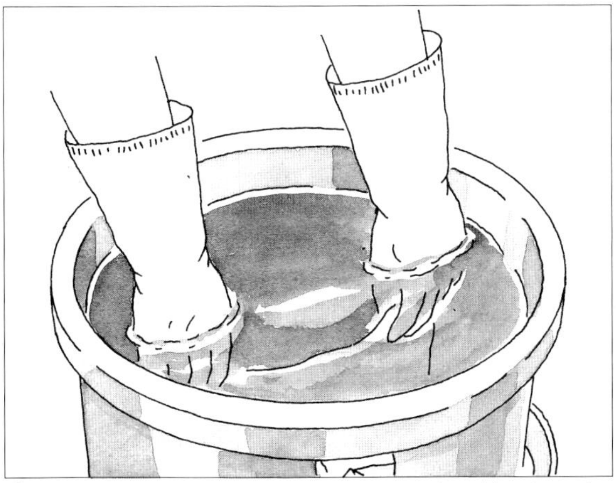

⓫藍の液の中で、10分間ほど布を動かしたり絞ったりする

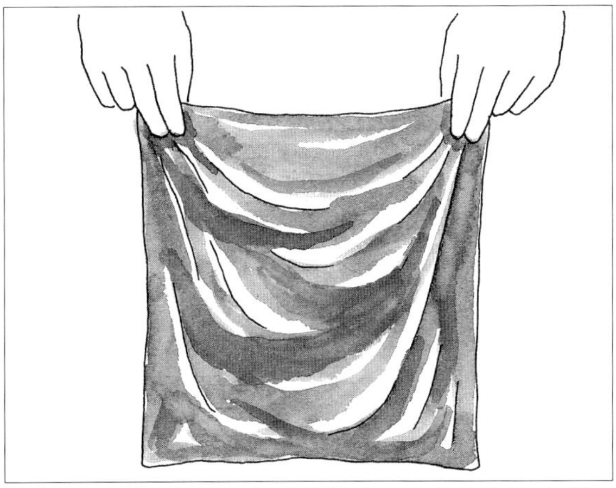

⓬液からあげて絞り、広げて空気にふれさせると、青色に変わっていく

藍建て

⑬再び液につける。⑪〜⑫を2〜3回繰り返して色を深くする

⑭何回も水を取り替えながらよくすすぎ、30分ほど干す

⑮さらに染め重ねるときは藍の調整をする。竹ざるを引き上げ、❸〜❹を行い 2〜3時間おいて❾をセットする

⑯再び染めに入る。⑪〜⑭を行う

⑰水5ℓに100ccの酢酸を入れ、染めた布を10分間つける
⑱よく水洗いして干す。乾いたら糸抜きしてスチームアイロンをかける

▼染まりやすくするテクニック
⑪,⑬,⑯の作業で、バケツごと30℃くらいの湯につけて温めるとよい。とくに冬など冷え込む時期は効果的

基本の染め2

紅花染めの掛け軸（作品写真▶P59）

紅花は古代から主として、薬草とか化粧紅用として栽培されてきましたが、その色の美しさゆえに衣服の染料としても利用されてきました。しかし、欠点もたくさん持っています。洗うことによって色が落ちやすいからです。それゆえに、紅花染めは昔から晴れの衣装として、婚礼のときや上流社会の人々の晴れ着に使われました。この美しい紅花の色はぜひ楽しんでみたいものです。

◇用意するもの（1回分の染め）

布　80g〜100gまで
紅花（乾燥物）1kg
ソーダ灰（炭酸カリウム）160g
90%酢酸　600cc

ポリバケツ（10〜20ℓ）
ステンレス大ボール
寸胴鍋
ゴム手袋
テトロン布（60×60cm）
菜ばし
計量スプーン

◆デザインする

紬地に青花ペン、または水性チャコで波を描き、絞りをする。41ページを参考にしてください。太陽は、黄色の下染めが終わってからまた絞りをつくります。

◆紅花の黄水で下染めをする

紅花はふたつの色素を持っています。ほかの花や草木では見られない不思議な花です。その特徴を最大に生かして作品つくりをします。

紅花液をつくるために水洗いしていると、どんどん黄色の水がでてきます。この黄水は絹にたいへんよく集まる性質があります。ちなみに、木綿には染まりません。

まず、太陽の部分を黄色く染めてみましょう。紅花の色は、単色で染めるより、下地に黄色などを下染めしておくと、より深味のある赤に染まってくれますので、この作品ではその効果もねらってみました。

◇黄水染めに用意するもの

黄水　15〜20ℓ
ミョウバン　1g
寸胴鍋
ステンレスボール
菜ばし
ゴム手袋
染め棒

染め上がった黄色の布（紬地）に青花ペンまたは水性チャコで太陽を描き、縫い絞りをします。

▼
ベニバナ

紅花染めの液をつくる・染める

❶花びらを水洗いして砂やゴミを洗い流す

❷水をひたひたくらいに入れ、2〜3時間放置しておくと黄水になる

❸黄水をバケツに取り、花びらを再びボールにもどし、水を入れておく

❹❶〜❸を3回くらい繰り返すと花びらは赤味を帯びてくる

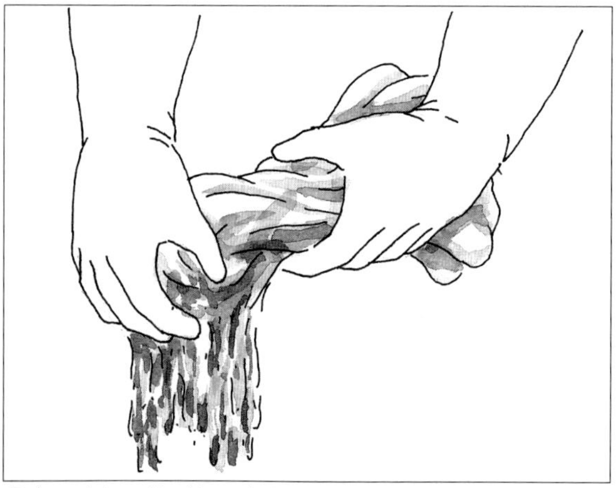

❺布で漉し、花びらの水をよく絞り、花びらをボールに入れる

❻水4ℓ＋ソーダ灰160ｇの中に花びらを入れて、1〜2時間よくもむ

❼茶褐色のどろどろの花びらを絞る

❽布で力強く絞って紅花液をつくる

❾できた紅花液を寸胴鍋に移し、酢酸液400ccを小量ずつたらしながらかき回す

❿激しく発泡する。おさまったらさらに酢酸液200ccを入れる

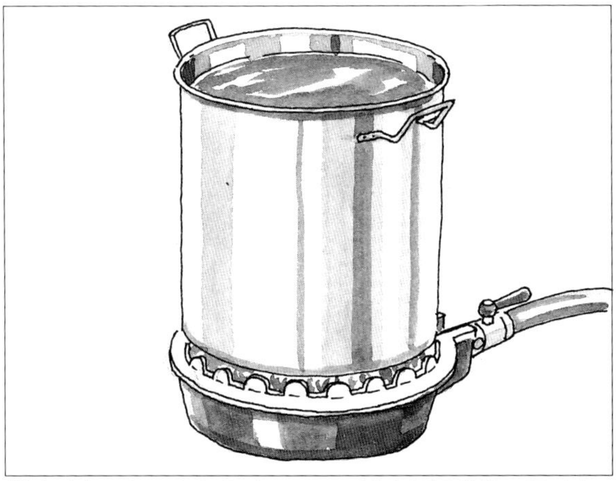

⓫液が赤くなったら染めに入る。液を30℃前後に温めながら布を入れ、30分間動かしながら染める

⓬水ですすぎ、脱水して干す。糸を抜きスチームアイロンをかけて仕上がり

紅花の黄水で下染めをする

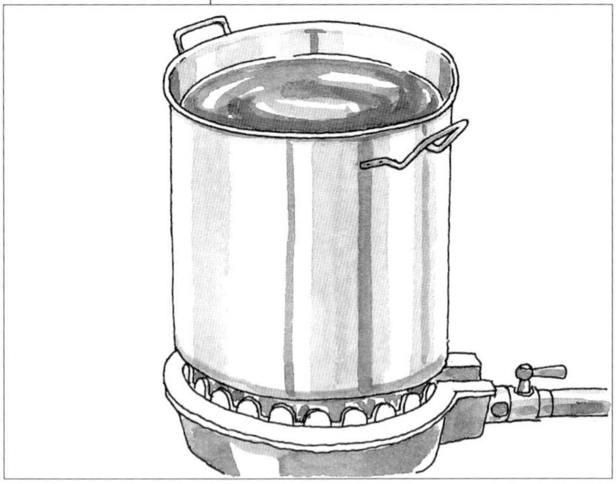

❶46ページの❸〜❹で取った黄水を寸胴鍋に移し、火にかける

❷布をぬるま湯に20〜30分つけて絞りあげる

❸染め棒を使い、手前へ向こうへと繰りながら、染め液が煮立ってから15分間染める

❹ボールに湯5ℓとミョウバン1gを入れ、よく溶かして媒染液をつくる

❺ミョウバンが溶けにくいときは、少し火にかけて溶かす

❻❸で染めた布を入れ、媒染する。手で布に含まれている空気を抜き、20分間ほどどっぷりと液につける

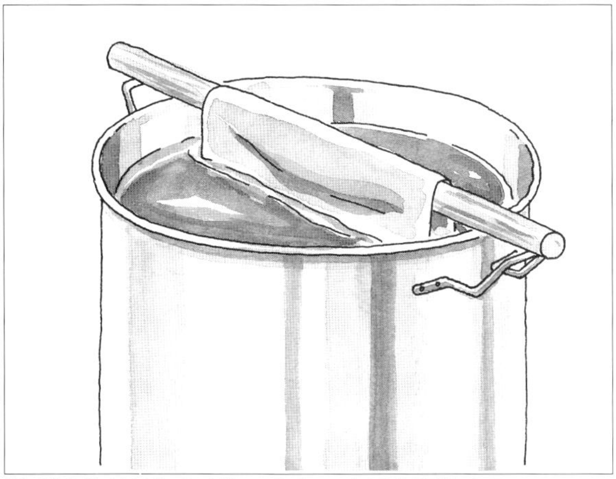

❼❸の染め液にもどし、もう一度15分間染める

❽流水にさらし、水にでてくる色がなくなるまで洗う

❾洗濯機で脱水してから干す

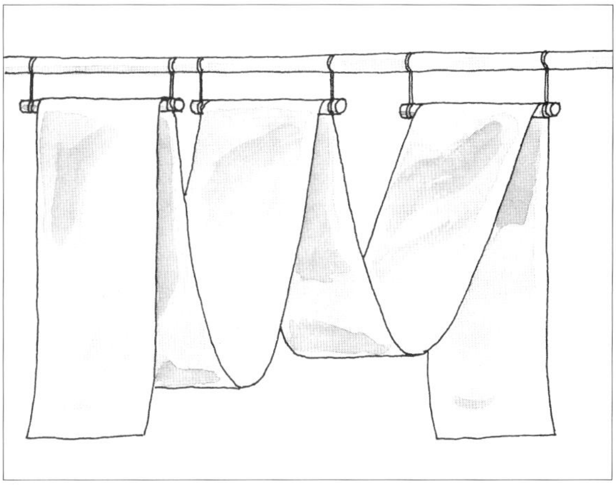

❿干し上がったら絞りの仕事に入る。かるくアイロンをかける
⓫黄水染めが終わったら紅花染めに入り、❶からの工程を繰り返す

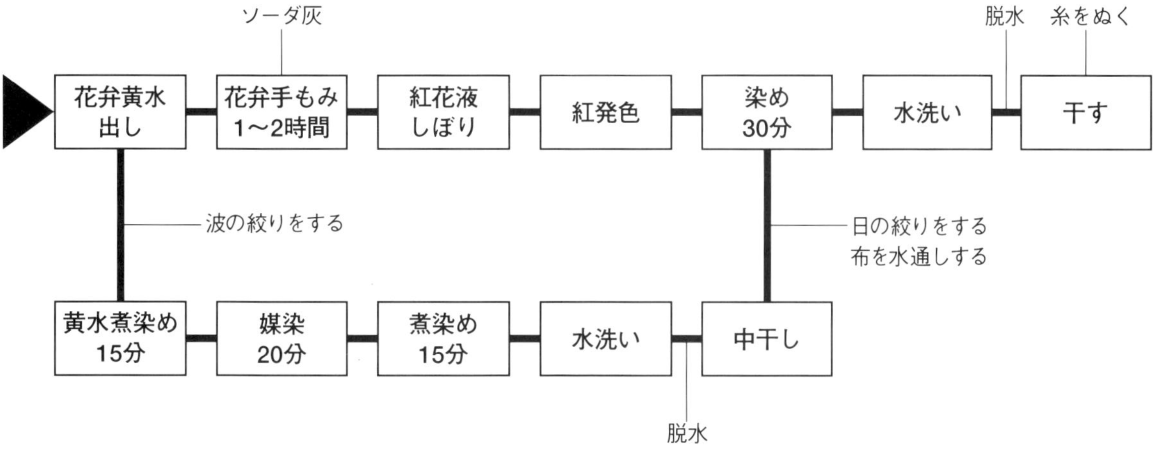

基本の染め3

毛糸染めの男性ベスト（作品写真▶P70）

毛糸は動物性繊維ですから、助剤処理しなくてもよい材料です。市販の白毛糸玉をつかえば、比較的仕事のしやすい材料です。ただ、玉巻きですから、カセに巻き直ししなければなりません（P36参照）。

毛糸の染めで一番注意しなければならないことは「高温にしてはならない」ということ。80℃を超えると毛糸はフェルト化してしまいます。70℃ぐらいの温度でゆっくり染めるのがコツです。

◇用意するもの

毛糸（LOT250）　男性ものなら9カセ(450g)、女性ものなら7カセ(350g)、子どもものなら6カセ(300g)

バケツ2個(20ℓ、10ℓ)

寸胴鍋

ステンレスボール

温度計、ゴム手袋

ザル

テトロン布

酢酸銅　3g

染料（クワの幹）200g

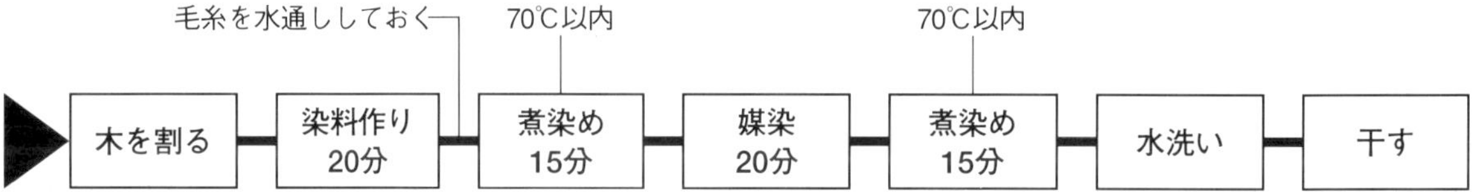

❶クワの幹を10㎝ぐらいに輪切りにし、さらに1㎝ぐらいに細く割る

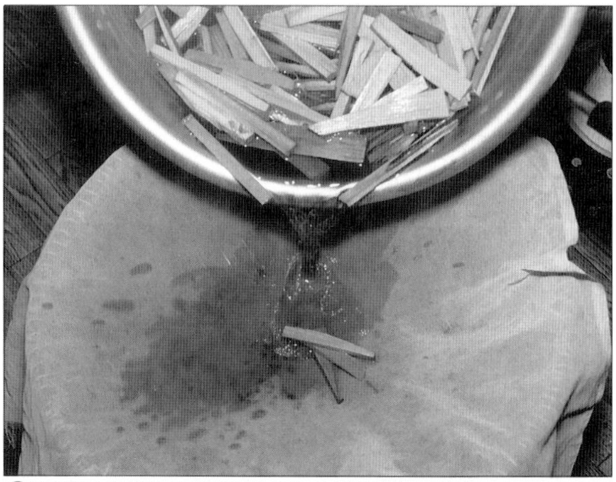

❷染料(クワ)に水15ℓを加えて煮出す。煮立って20分したらバケツにザルをのせ、テトロン布を敷いて鍋の染料をあける

❸染める毛糸をぬるま湯に30分ほど通し、かるく絞っておく

❹寸胴鍋にバケツの染料をうつし、毛糸を染め棒に通して煮染めに入る

❺液温は、70℃以内をいつも保っておくように計りながら注意する。15分間

❻毛糸を液の中でよく上下回転させたり、染め棒にそって広げたりする

❼媒染液をつくる。バケツに水10ℓと酢酸銅３ｇを入れて溶く

❽媒染する。20分間、毛糸が液から浮き上がらないようにする

❾二度目の染めに入る。70℃以下で15分間煮る

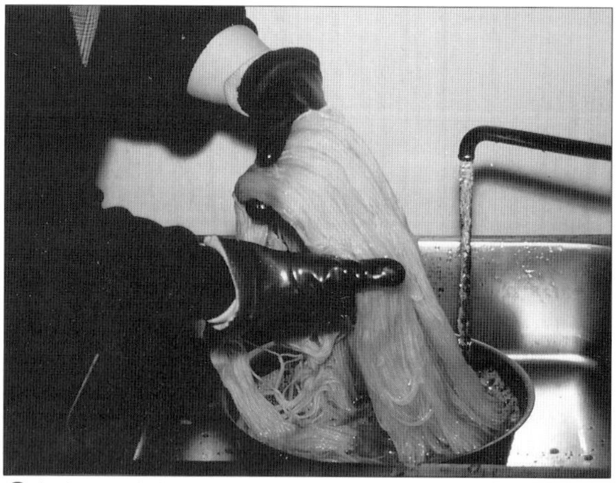

❿水洗い。流水でよくふり洗いをする

⓫干す。染め棒などをおもりにして糸がなるべく広がるようにする

column -3

お母さんたちの知恵

むかし、それぞれの家庭で苧麻（ちょま）や樹皮をつむいで布を織りました。植物性の繊維はたいへん染まりにくいので、色をたくさん使うカラフルな染めはしないで、夏着などは繊維の色の白そのままで着ることが多かったようです。それでも、紡いだ糸をお母さんたちは、近くの山や野から草や根や樹の皮をとってきて染める努力をしました。藍染めは、むかしは各村々に一軒くらいは紺屋があり、藍を専門に染めていました。江戸期から明治に入ると木綿が農山村にも入っていきました。それでいろいろな縞や格子などを織って着ていました。

このころお母さんたちが染めていた方法は「刈安（カリヤス）」で染めた黄色の糸と、「山ウルシ」の葉で染めた茶色の糸と、「白地糸」をまぜて織ったあと、紺屋さんに「藍」に漬けてもらっていました。そうすると、黄色の糸は「緑」になり、茶色糸は「黒」になり、白地糸は「水色」になり、見違えるほど美しい布ができあがりました。

こうした地方のお母さんたちの知恵の結晶であった布が、やがて都会でも人気が高まり、村の産物として出荷されるようにもなりました。

基本の染め4

板締め絞りのテーブルセンター（作品写真▶P64）

古くから伝えられている技法の、板片を使った絞り染めに挑戦してみましょう。

江戸から昭和の初め頃までは、折り畳んで板で締めて染めた浴衣地やおむつ地がありました（P84参照）。ここで使う染め材は、不用となって捨てられる運命にある彫刻材クズを使ってみます。また建築材や家具材のなかからカツラ、クリ、クワ、シタン、コクタンなども使えますので、材料探しには日頃から心がけておけば、思いもかけない色を楽しむことができます。

◇用意するもの

ケヤキ（彫刻クズ）500g
酢酸銅3g

ポリバケツ（10〜20ℓ）
寸胴鍋
浅鍋
ゴム手袋

▼
ケヤキ材の彫刻風景

板締め絞りのテーブルセンター

❶ケヤキのクズ。大きいものはなるべく小さく削る

❷水7ℓほどを浅鍋に入れ火にかける。煮立ってから15分煮る

❸バケツにザルをのせ、テトロン布をかぶせて煮出し液をあける

❹布に残った木クズを鍋にもどし。再び水7ℓを入れて火にかける。❷〜❸を3回繰り返して20ℓの染料をつくる

❺バケツにたまった約20ℓの液が染料。これを寸胴鍋にあけて、染めに入る

❻板締めした布を染めに入る

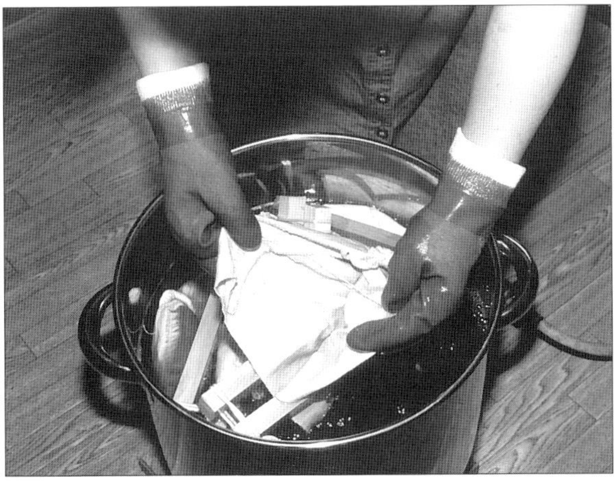

❼染め液の中で、たたんでいる布を広げたり裏返ししたりする

❽浮き上がらないように沈める。煮立ってから15分煮る

❾ポリバケツに媒染液をつくる。酢酸銅3ｇとぬるま湯10ℓを入れてかき回す

❿媒染液につけて浮き上がらないようにして20分間つける

⓫媒染が終わったら引き上げ、再び寸胴鍋にもどして火をつけ、煮立ってから15分間煮る

⓬終わったら染料から引き上げ、水洗いをする。色水が出なくなったら木型をはずして流し水洗いをする

⑬ふり洗い、おし洗いを繰り返す。ただしもみ洗いはしない

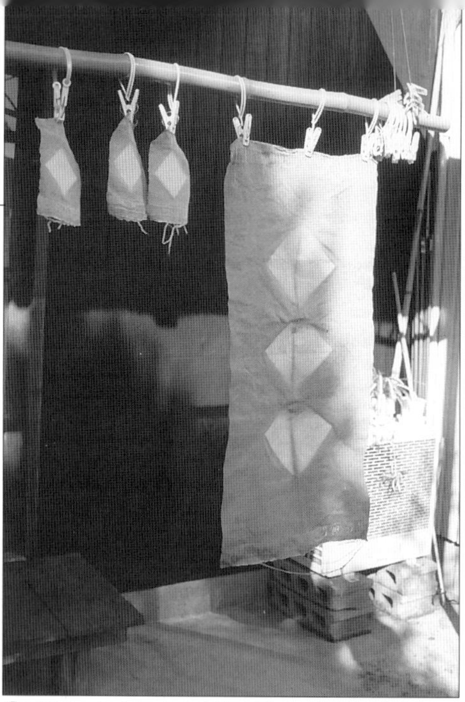

⑭風通しのよいところに干し、乾いたらスチームアイロンをかけて仕上がり

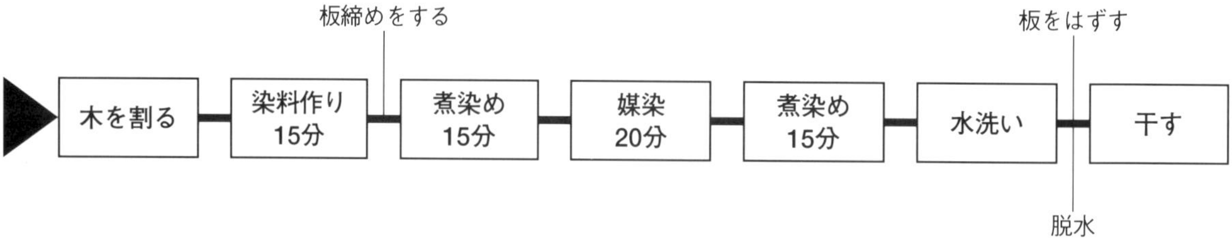

column -4

暖簾を楽しむ

住宅の洋風化や集合住宅になってきて、私たちの暮らしの中から消えていったものに暖簾（のれん）があります。日本の伝統の美しいものが活かされるスペースが姿を消していきました。暖簾には千年もの歴史があります。少しずつ姿を変えながら伝えられてきた暖簾ですが、今では台所の玉すだれか、観光みやげの小幅暖簾くらいでしょうか。

暖簾は鎌倉時代に中国から禅仏教と共に伝えられたようで、寒気を防ぐ用具でした。しかし日本にも、中国から伝えられる以前から、「几帳（きちょう）」といって風よけや外側からの人の目を避けるものとして、『源氏物語絵巻』のなかに描かれています。さらにさかのぼると、布のなかった竪穴式住居でも入り口に垂蓆（たれむしろ）・簀垂（すだれ）が吊り下げられています。

戦後間もないころのことですが、母の里の家でもまだトイレや風呂場の入り口には蓆が吊られていました。今日のような布の暖簾が姿をあらわすのは『信貴山縁起絵巻』に三幅小暖簾が見られます。『福富草紙』（室町時代）には納戸（寝室）の入り口に三幅の戸口暖簾が下げられ、風よけにして夫婦が寝ている図があります。

職業が生まれた室町時代のころになると、店先に小幅の暖簾や、水引暖簾、外暖簾が吊るされます。『職人尽絵』（江戸初期）には、紋を描きこんだ暖簾がでてきます。やがて屋号や商品が表現されてきます。今ではもっと多彩になり、文章が入ったりして広告の役目が強くなってきています。老舗では信用の象徴として扱われ「暖簾分け」という言葉が今も生きています。

一般家庭でも、嫁暖簾、部屋暖簾、祭や慶事の水引暖簾と、四季にわたって図柄をかえたり色分けで使用してきました。永い年月つちかわれた日本の伝統の暖簾のよさを、もっと暮らしの中で楽しみたいものです。

3

PART3　草木染め作品

柿渋手描きの麻スクリーン　▶74ページ

掛け軸(紅花):(左)　日に波　▶45ページ
掛け軸(黒米糠):(右)　月に秋草　▶78ページ

赤くなった桜葉の染め物
（上）左から桜染めスカーフ、ケヤキ染めウールストール、桜染めストール
（左）桜染めスカーフ
▶80ページ

コースター　きなり木綿に柿渋手描き、ケヤキ染め　▶53ページ

藍染めの浴衣
▶39ページ

ケヤキ染め板締め絞りのテーブルセンター
（上）木綿地に三角の板締め
（左２点）麻地に六角の板締め
▶53ページ

ぬいぐるみ（上）
▶94ページ

レース卓布　カシワで白レースを染める　▶76ページ

二幅暖簾　昆虫（コチニール）染めの暖簾をつくる（麻綿混織り）　▶82ページ

風炉先　クリのいが染め　▶77ページ

チューリップ染めハンカチ(上)
チューリップの花びらで染める　▶88ページ

無地ハンカチ(左)
染料は左からピラカンサ葉枝、藍の生葉、
フジの緑葉、クサギの実、桜紅葉、
ワラビ生葉

型締めハンカチ(右)　木型染めに色をさす　▶90ページ

ししゅうハンカチ(下)　染料は右上から時計回りに
黒米、ウコン、ピラカンサ枝葉、クリ、黒米

丹後ちりめんのベスト（上）
女性ベスト、男性ベスト（左）
▶86ページ

紅花染めスカーフ（上右）
マユ細工のリース（左）
▶95ページ

袋物２種（下）　▶94ページ

マユ細工のひな人形　▶91ページ

4

PART4　染めてみよう　つくってみよう

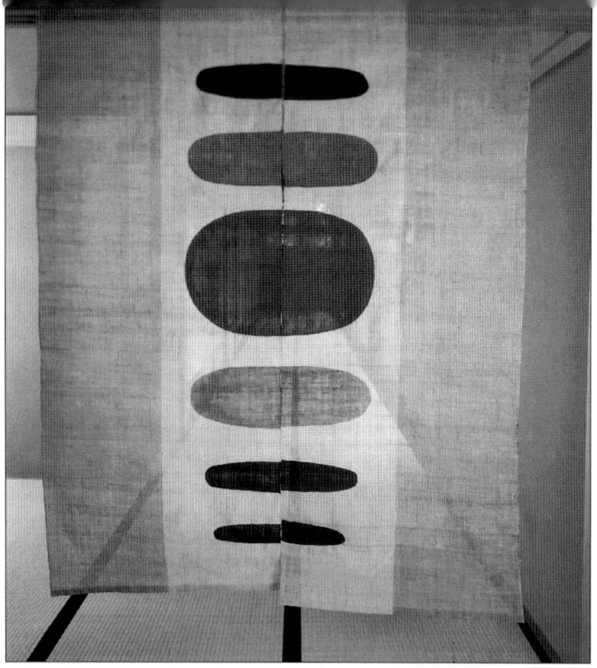

柿渋と紅柄で手描きする

作品1　麻スクリーン

「柿渋」は青い渋柿の実をすりつぶしてしぼっただけの、ごく単純な塗料であり、染料です。

日本では古くから漁網を染めたり和紙を染めて、合羽や型紙をつくってきました。そのときに一緒に使う「紅柄《べんがら》」も、古くからの塗料でもあり染料でもありました。また、北陸や京都地方では、家の壁や柱を染めるのに使われてきました

「墨」も同様で、今では字を書くためのインクだけになってしまいましたが、奈良時代から製造が始められ、染めの材料として使われてきました。

この作品は上の三つの材料を使ってみました。もちろんこの三つの材料を調合するだけで色調を出していきます。

◇用意するもの

絵刷毛（15号）
彩色筆
ステンレスボール（3個）
柿渋（2ℓ）
紅柄（計量スプーン　大3杯）
硯
油煙墨
麻布

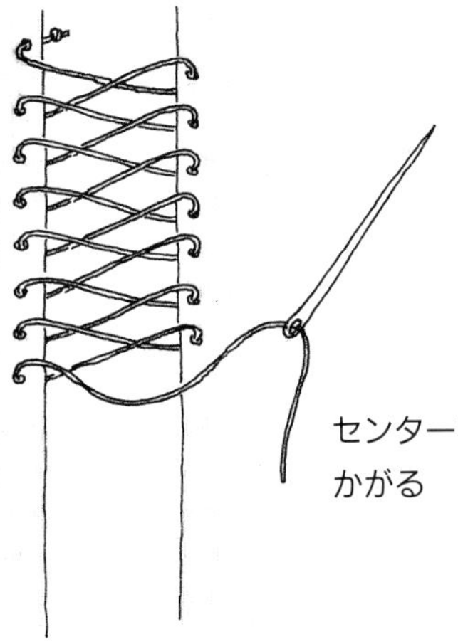

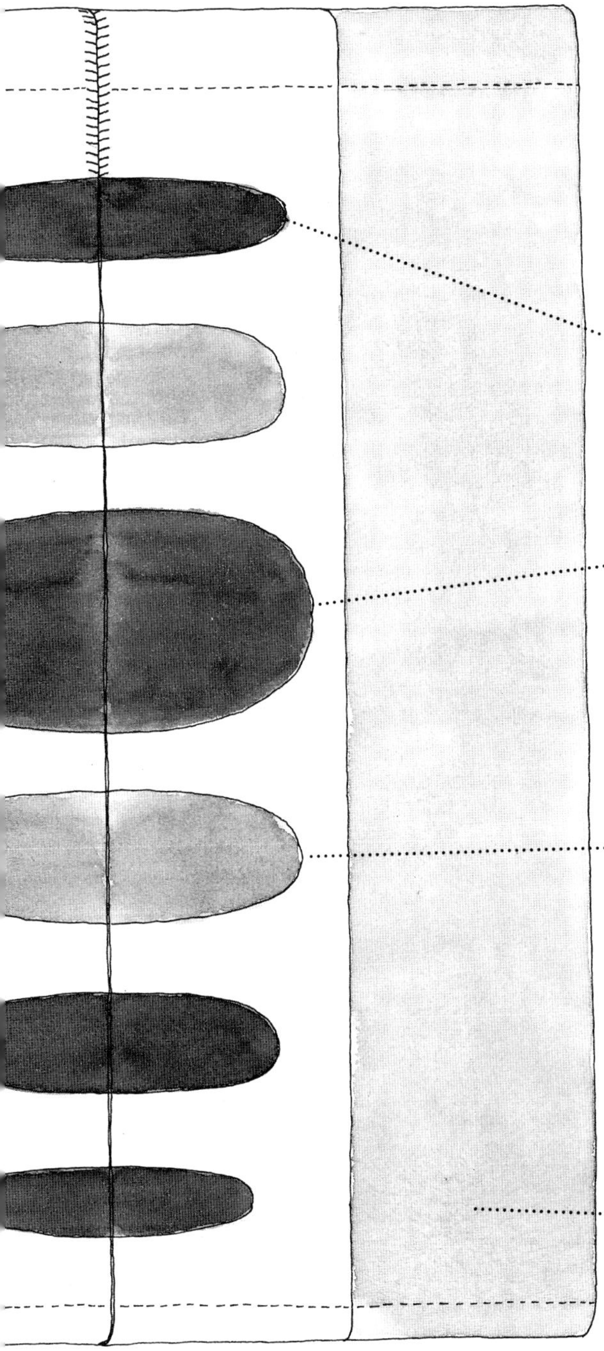

○Aは、Bよりも紅柄の入れる量を多くして、色調を変えてゆきます。
○いずれも、表より2回塗りし、裏より1回塗りします。乾いてから次の塗りに取り掛かるようにします。数カ月もたてば自然に発色し、色が濃くなってきます。
○技術的にむずかしいことはありません。彩色筆で輪郭をとり、毛筆で塗りつぶしていきます。液を多くつけすぎるとだれたりするので注意が必要です。
○麻布は、中国産の広幅を使っています。

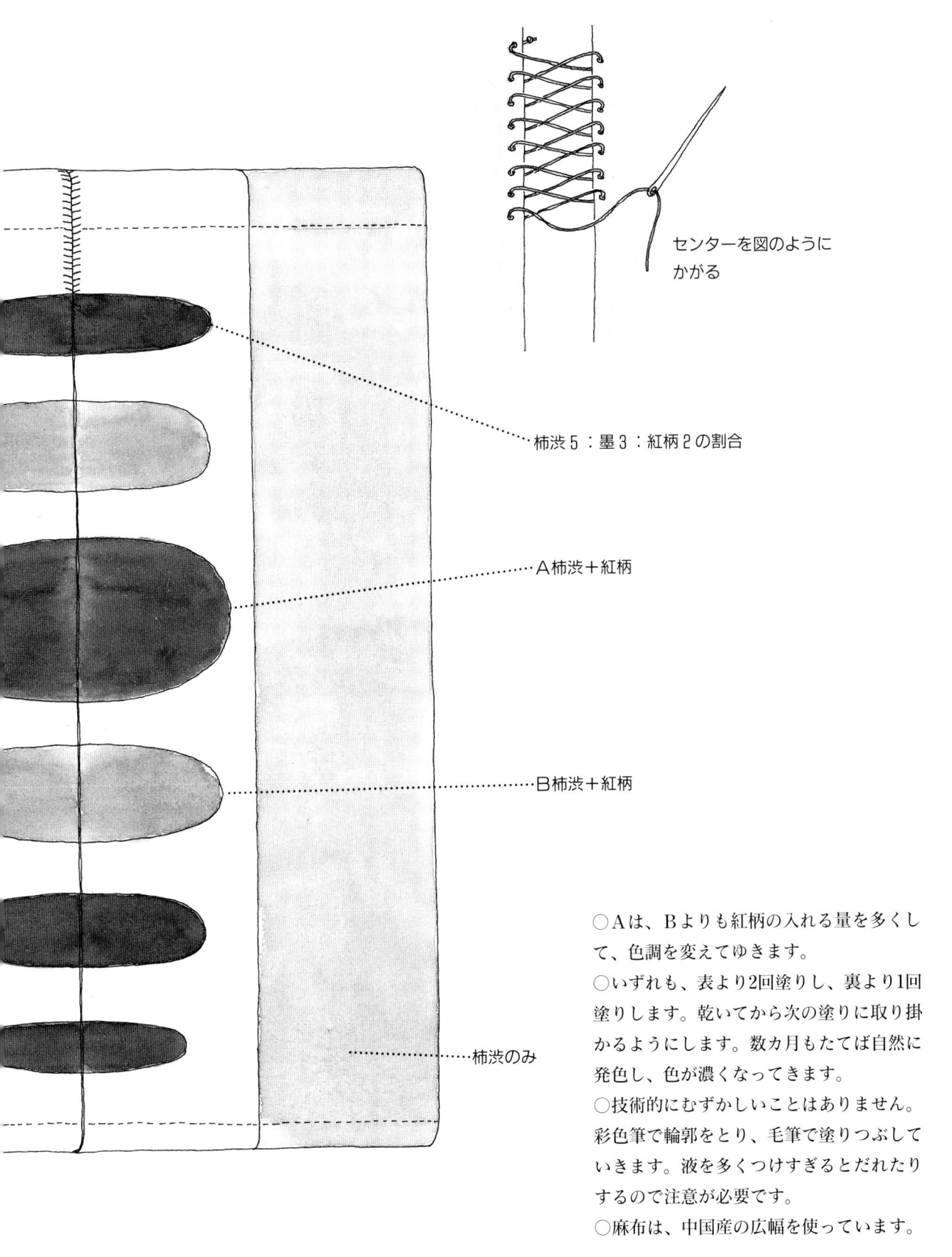

カシワで白レースを染める

作品2　レース卓布

丹念に何カ月もかかって仕上げたレース編みですが、できあがった頃には、最初に編んだ部分は何となくくすんでしまうことがあります。白いレースは白い色でと、洗って使ってはいましたが、やはりそのくすみは少しずつ増していきます。

よみがえらせるために、室内や家具の色調に合わせて、くすみがかった白いレースを染めてみることにしたのです。淡い色を選び、卓上の小道具をころさないくらいの色を目的に染めましょう。

◇用意するもの

カシワの太い生枝　50cm

ソーダ灰　5g

酢酸銅（媒染剤）3g

❶最初に水洗いして、ゴミや汚れをとる。これは、水10～15ℓにソーダ灰5gを入れて沸騰させ、その中に材料を入れて30分煮る。

❷水洗いして干す

❸染めに入る。カシワの生の太い枝50cmほどのものを、ナイフで皮をはぎとる。

❹柏の樹皮は表面にシワが多く汚れているので、水洗いをしてから1cmくらいに刻む。

❺染料づくりは煮立ってから15分煮て染め液をつくる。

以下、工程図にそって作業を進める。

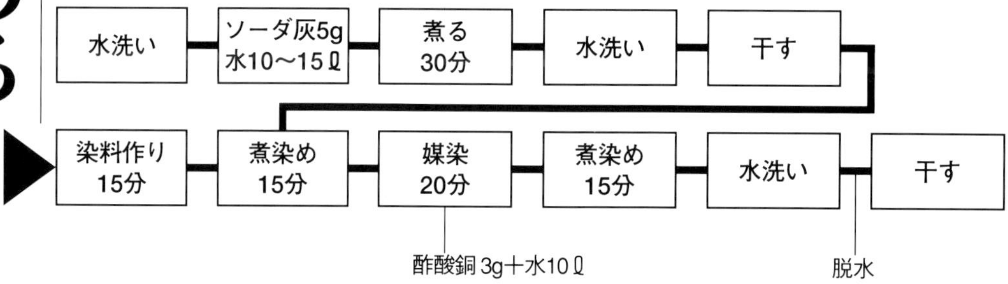

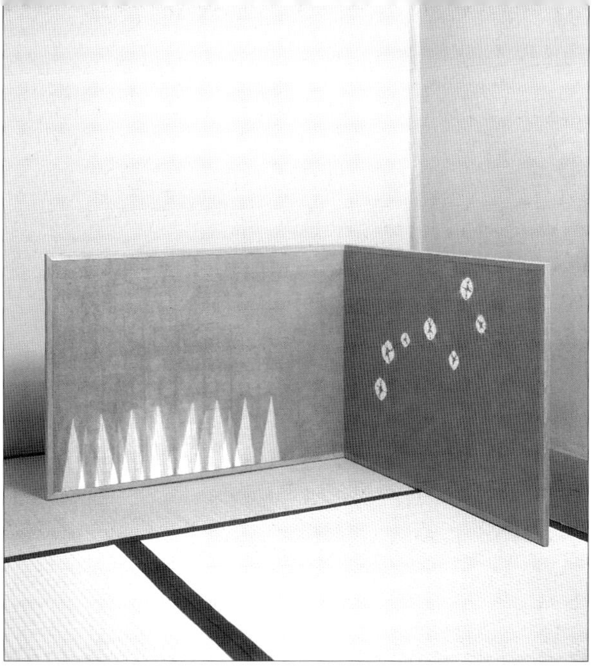

作品3 風炉先

クリのいが染め

もし、お茶をなさらない方でも、生活空間の小道具として、お部屋の飾りとして利用できるものとして作ってみました。二曲折りの屏風形式なので、壁飾りにもできます。

◇用意するもの

クリのいが　10個(生でも枯れていてもよい)

絹地　65cm×180cmを2枚(木綿地でもよい)

塩化第一鉄（媒染剤）

ポリバケツ

寸胴鍋

ゴム手袋ほか

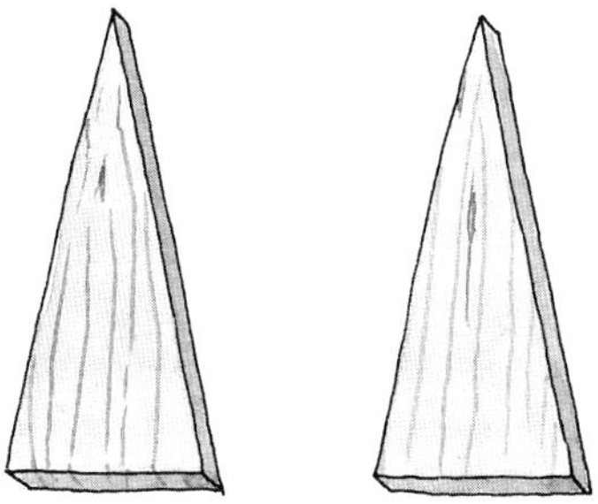

幅6cm×高さ19cm×厚さ1cm前後の三角板2枚

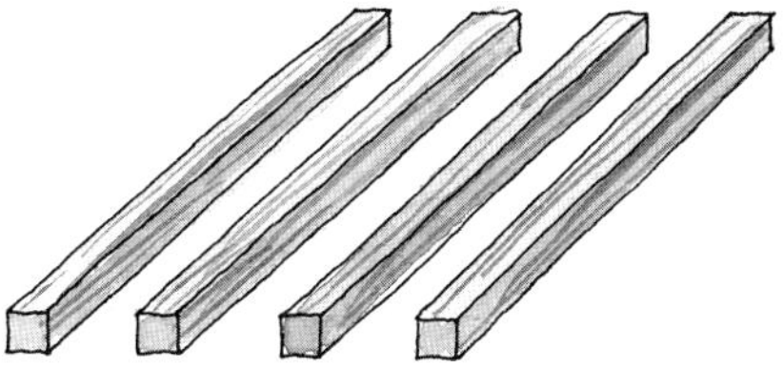

15mm角×25cmの角材4本

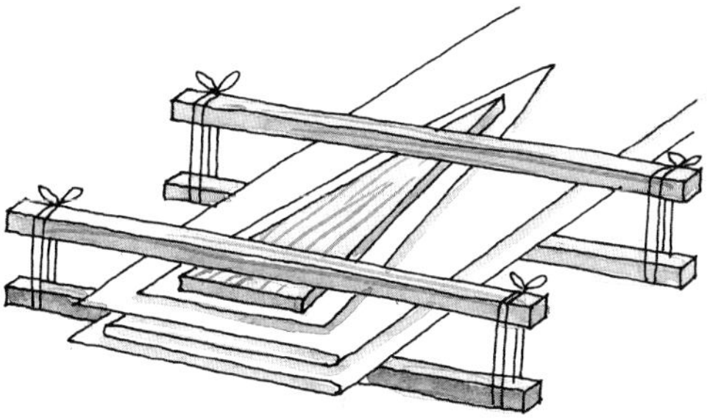

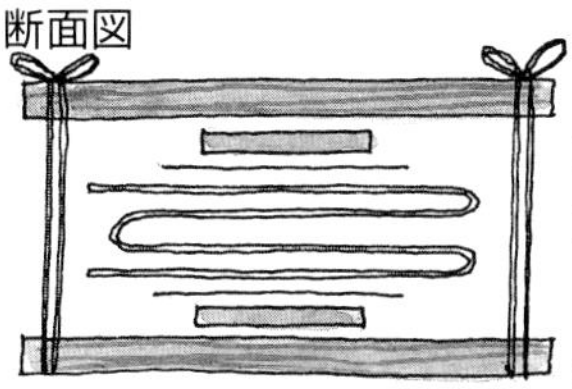

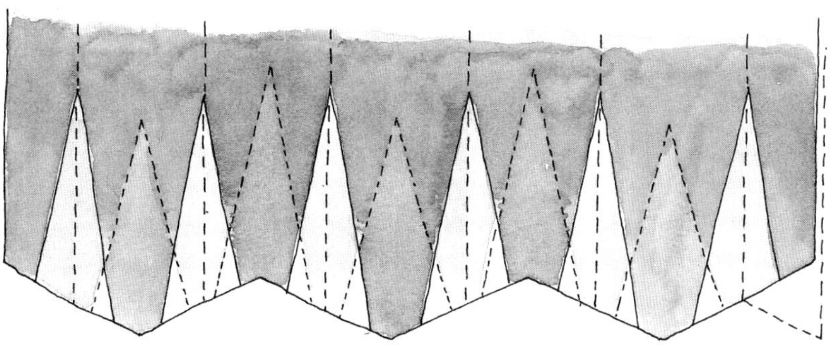

上図のように折りたたんで一度染め上げ、板をはずして点線のようにたたみなおして再度板を当て、2回目の染めをする

注意◉右半分の星の絞りの部分も同時に二度染めする

作品4　掛け軸

黒米の糠で染める

近年、全国のあちこちで、赤米や黒米が栽培され、薬膳料理に使われたり、加工原料になったりと人気があります。何千年ぶりかで復活したお米でしょうが、染料としてこの黒米を使ったという記録は残ってはいません。

しかし、ご飯にすると赤くなるので十分に染めに利用できます。黒い米でも中は白い色をしています。ですから染めに使うのは、糠の部分です。（絞りにする方法はP41参照）

◇用意するもの

紬地（80g）　黒米糠（300g）　酢酸（40cc、助剤として）　錫酸ナトリウム（8g）　クエン酸（15g）　ポリバケツ　寸胴鍋　浅鍋　テトロン布　天竺木綿　ステンレスボール　染め棒　ゴム手袋　ザル他

☆注意点

糠は煮るとどろどろになって、染め液にたくさんの不純物が入りこんでしまいます。取り除くために、初めにテトロン布でこし、最後にもう一度天竺木綿でこして、カスが液の中に入らないように注意してください。

❶糠300ｇに、水10ℓと酢酸20ccをたらし、火にかけて煮出す。煮立ってから15分間

▶ 染料作り 15分 → 液を漉す 2〜3回 →（絞りを作り布を水通し）→ 煮染め 15分 → 媒染 8分 →（布をすすぐ）→ 煮染め 15分 → 水洗い →（糸をぬく）→ 干す

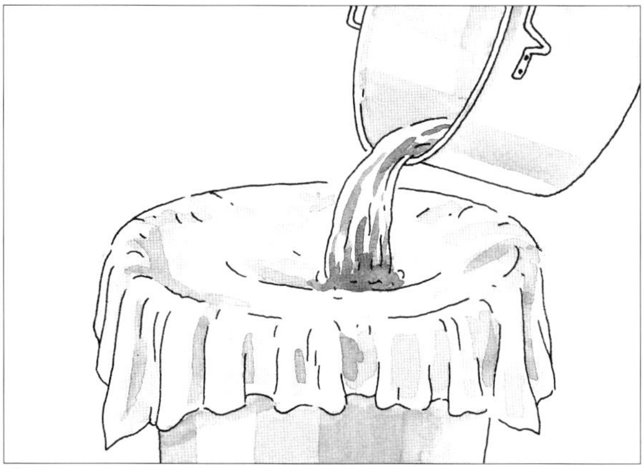

❷バケツの上にザルをのせ、テトロン布を敷いて浅鍋から液をあける。布の上にたまった糠は、浅鍋に戻す

❸❶と同じ量の水と酢酸を入れて、やはり15分間煮出す

❹2回煮出して液を取ったら、もう一度天竺木綿でこし、沈澱物を取り除く　❺同時進行で、染める布に絞りをつくり、ぬるま湯につけておく

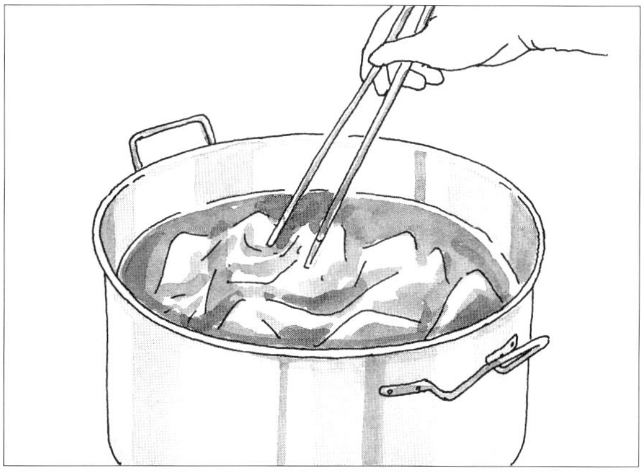

❻❺の布を上げ、煮立ってから15分間煮染めする

❼媒染液をつくる。錫酸ナトリウム(8g)、クエン酸(15g)をそれぞれ別の容器に湯溶きし、合わせて10ℓになるよう調製する

❽❻で染めた布を、一度水すすぎしてから媒染に入る。媒染8分間

❾媒染が終わったら水通しして余分な媒染剤を流し、2回目の染めに入る。染め15分間

❿水洗い→脱水→糸抜きして干す。乾いたら、スチームアイロンをかけて仕上がり

赤くなった桜葉の染め物

作品5　桜染めストール・スカーフ

秋の紅葉した木の葉は染料としては使われないのが通例ですが、真紅の落ち葉はつい手にとってみたくなるものです。そんな、ハラハラと落ちる美しい桜の葉を一枚一枚ていねいに集めてみましょう。

ただし、桜以外の木の落ち葉は色が濁って、透明感がないため使用できません。

◇用意するもの

フタ付きポリバケツ（20ℓ）
寸胴鍋
サランラップかビニール袋
ステンレスボール
酢酸銅（0.3ｇ）
布（ストール、スカーフそれぞれ1枚）
紅葉した桜葉　20ℓバケツにぎゅう詰め

A　染料つくり

❶真紅の美しい葉だけを集める

▶ 葉を漬け込む（3カ月放置）― 漬け汁を取る（布を水通し）― 煮染め15分（50℃以内）― 媒染20分 ― 煮染め15分 ― 水洗い（脱水）― 干す

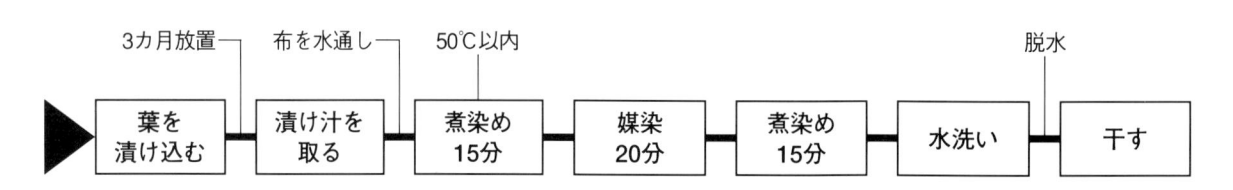

❷ポリバケツにぎゅうぎゅうと葉を詰めて踏み込む
❸水を葉と同量になるまで入れる
❹水と葉の表面にサランラップかビニール袋を広げ、フタをする

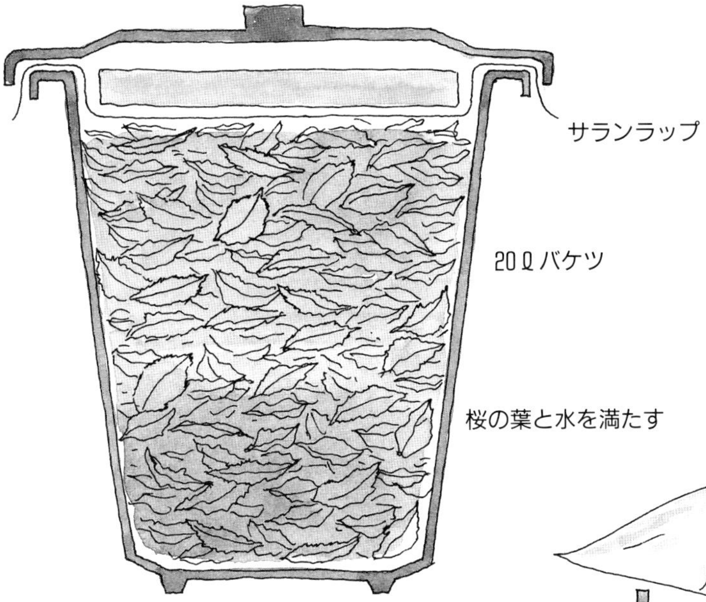

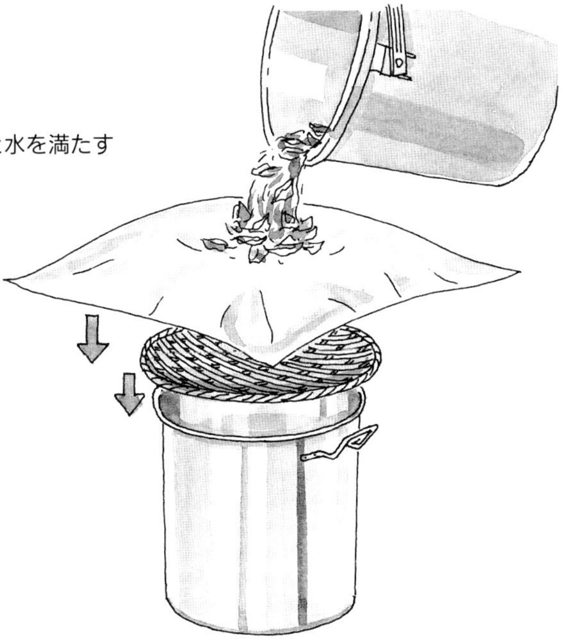

❺図のように水漬け物をつくる。そのまま冷暗所に3カ月以上おく
❻3カ月後に桜の葉を取り出し、バケツの水だけを染料としてとる
❼寸胴鍋にザルをのせ、テトロン布を敷いて染料をこす

B　染める

❽取れた液はそのまま染料となるから、すぐに布の染めに入る
❾加熱温度50℃以内で15分間煮染めする
❿ステンレスボールに酢酸銅0.3gを水3〜4ℓに溶かして媒染液をつくり、媒染20分
⓫媒染が終わったら❾に戻して、再度同じ温度で15分間煮染め
⓬水洗いして仕上がり

作品6　二幅暖簾《のれん》

昆虫染めの暖簾をつくる

この本で紹介したなかでは唯一の動物染料です。一度は使ってみたい染料です。

この染めに使った動物とは、ミカンや柿の葉に寄生するコチニール（貝殻虫）です。染料として売られているものはメキシコのサボテンに寄生しているものを輸入しています。これは布を染める染料としてだけでなく、食品着色料としても使われています。ここでは、板締め麻綿混織りの暖簾《のれん》を染めてみました。

◇用意するもの

麻綿混織り暖簾　重さ200～300ｇ
コチニール　20ｇ
炭酸カリウム　5ｇ
酢酸　10cc
塩化第一錫　3ｇ
板締め板　2種8本
バケツ　20ℓ 1個、10ℓ 1個
ザル、テトロン布
ゴム手袋、ロープ、菜ばし

＊注意すべきこと

❶コチニールは専門店で求めるしかありませんが、乾燥させて固くなっていますので、乳鉢などですりつぶして、荒目の粉末状にして使います。
❷染料のつくり方は、炭酸カリウムを入れて煮出し、とった染料に酢酸をまぜます。
❸板締め板は輪ゴムなどで仮止めしてもいいのですが、木綿ロープか荷造りロープで左右に平均に力がかかるように結んでください。
❹暖簾地は専門店で売っているものを使用しました。助剤処理は行っていません。

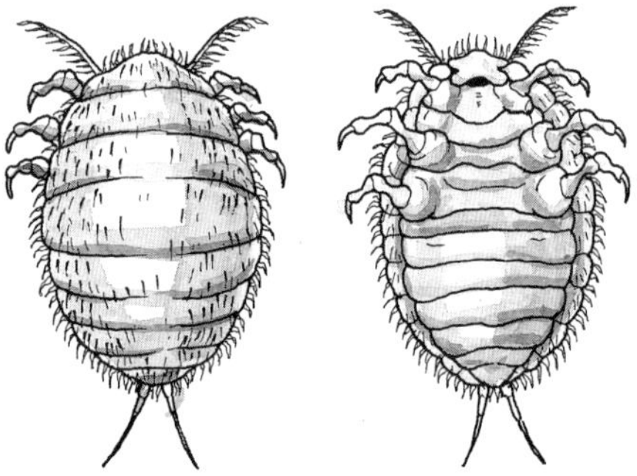

コチニール（貝殻虫）

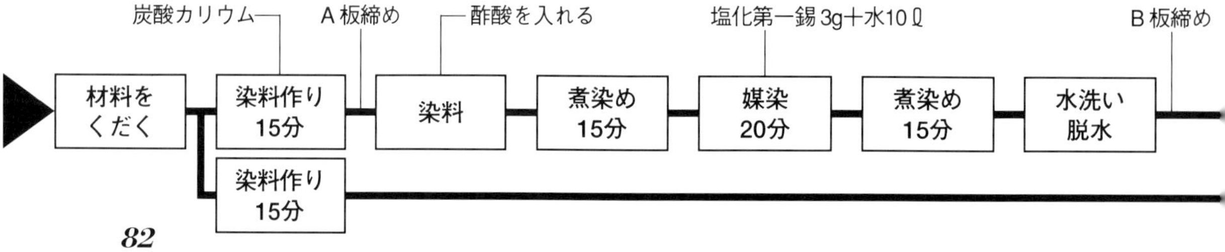

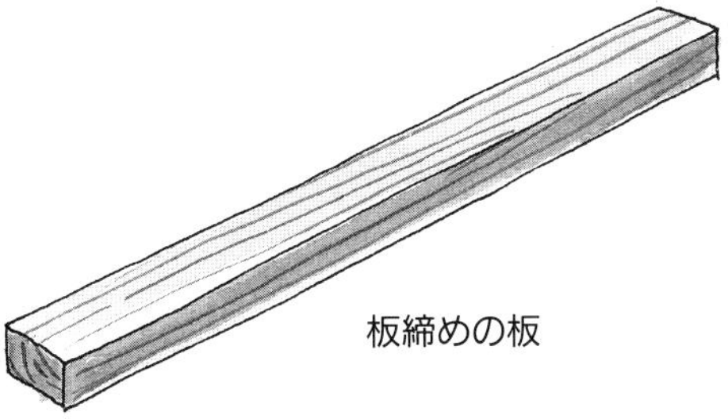

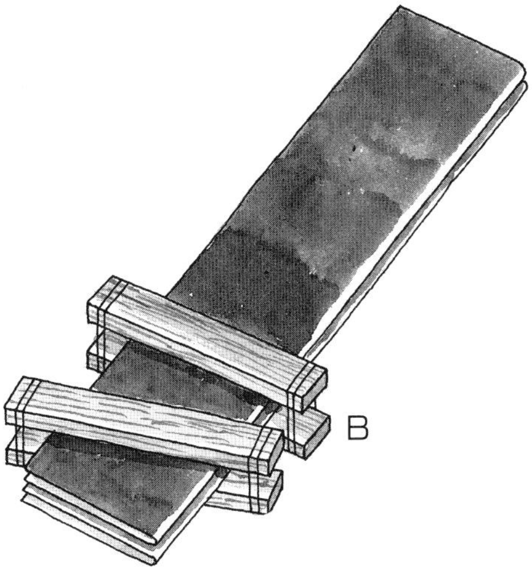

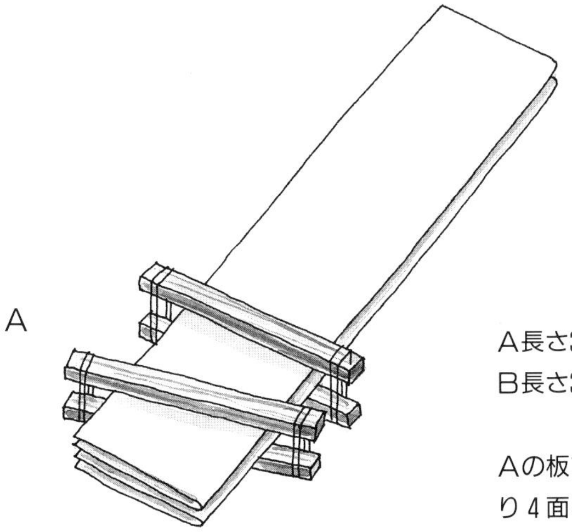

A長さ30cm　幅3cm　厚さ2cmのを4本
B長さ30cm　幅6cm　厚さ2cmのを4本

Aの板で図のようにして1回目の染めをする。暖簾地は二つ折り４面となる。
1回目の染めが終わったら、板をはずして中干しする。その後、Bの板で染め抜かれたところを同じようにはさみ、2回目の染めをする。

コチニール（貝殻虫）の採集

図版参考『自然界の記録　コチニールの栽培と恩恵』（1777 メキシコ）

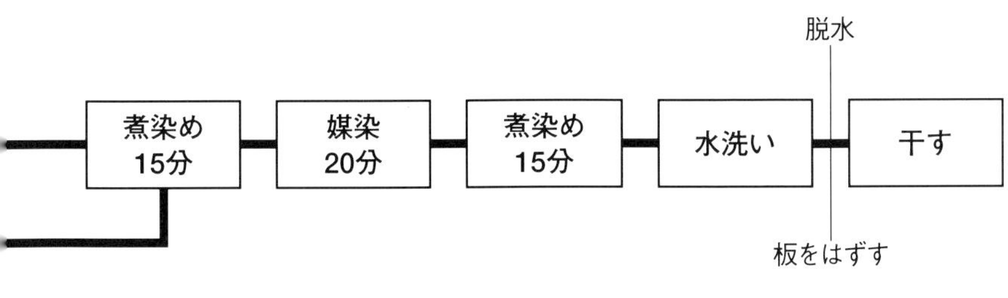

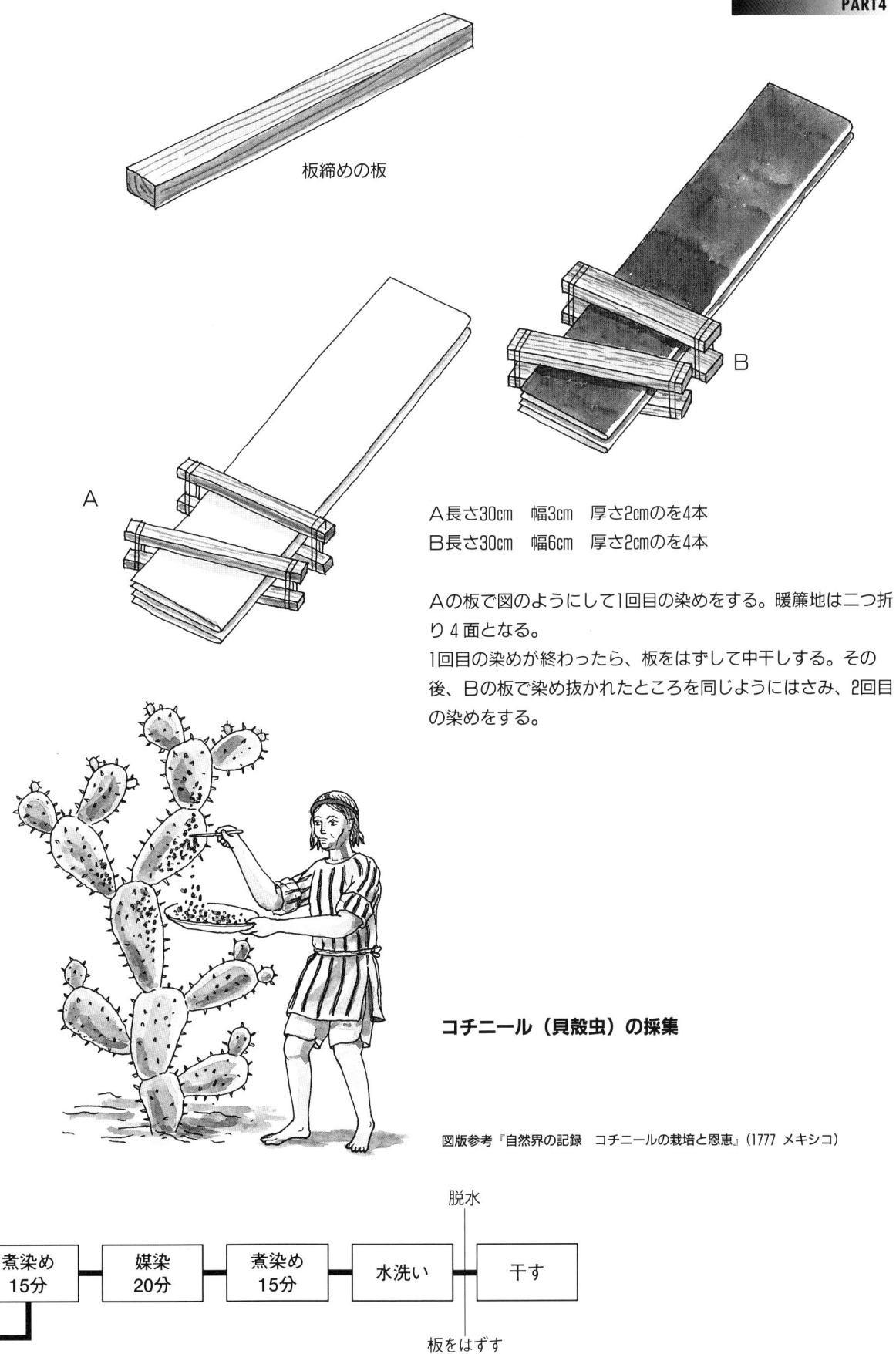

板締め絞りと木型の作り方

◆板締め絞り

板にはさんだり、棒締めにしたり、板で型を抜き取ってはさむ方法は、けっして新しい方法ではありません。また日本独自のものでもありません。これはインドや東南アジアに見られる技法です。

布を折り畳んで板にはさむだけの簡単な技法で、何点でもつくることができます。縫い絞りとはまた違った味わいがあります。

◆木型の作り方

使用する材は、日曜大工センターなどで取り扱っている板でもかまいません。木質はどんなものでもいいのですが、油分の多い材や、クリやナラ材のようにタンニン分の多いものはよくありません。できることなら、画材店などで扱っている、イチョウやホウの版画材を使ってください。

棒締めのときは、できるだけ平板よりも角材を利用してください。煮染めの最中に板がそることはありません。

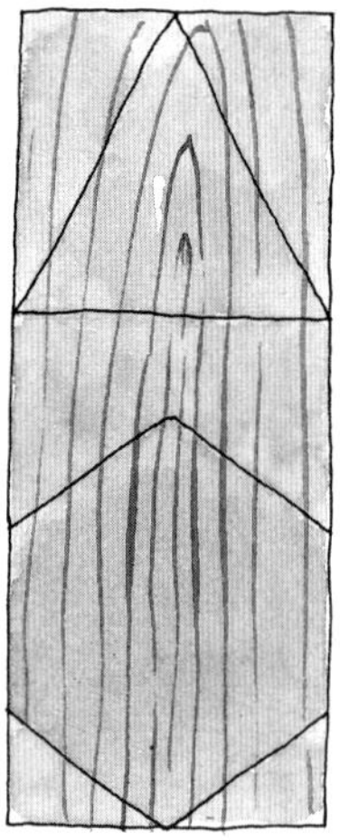

◇板目（木目）の取り方

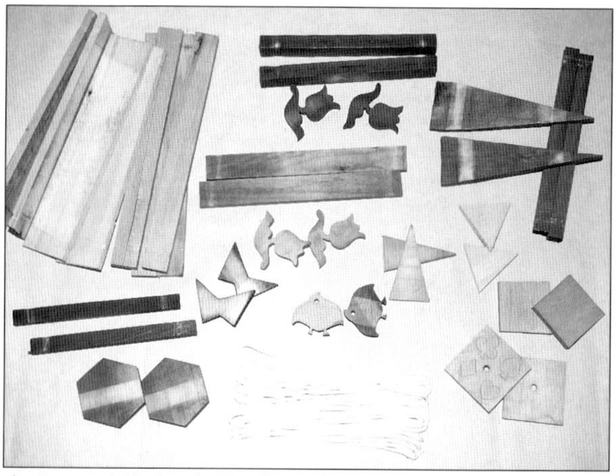

糸ノコでくりぬいたり、版画式に彫った色々の木型

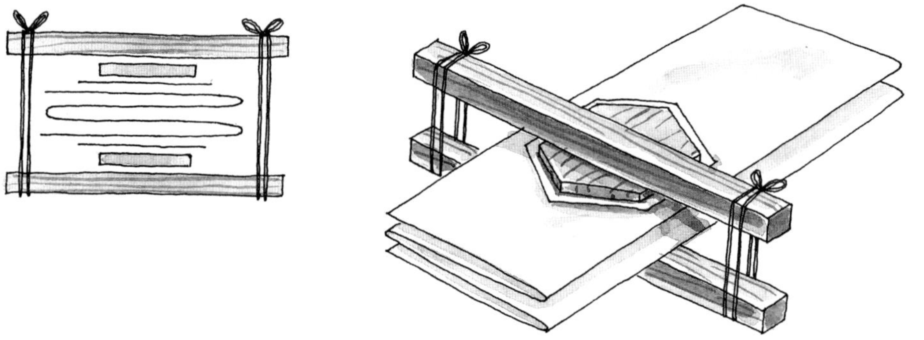

板目と棒は横目にあてること。板は2枚とも同じ寸法にする

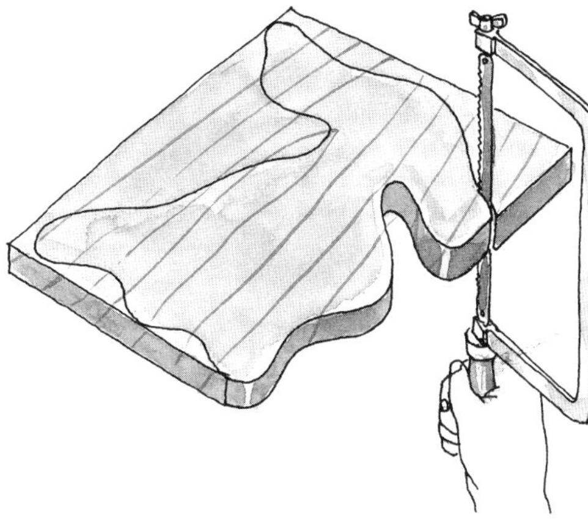

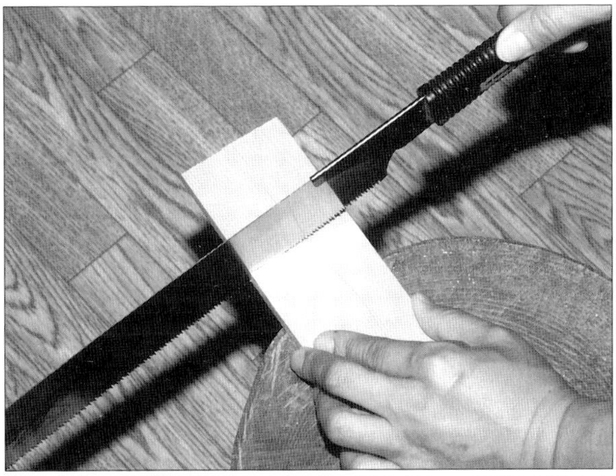

ノコギリの歯は、細かめの横引き用を使い、切り目がくずれないようにゆっくり切る

上下の木型がずれていないことと、両サイドを結ぶ力が均等であること

◇**板締めの手順**

締め棒を置く

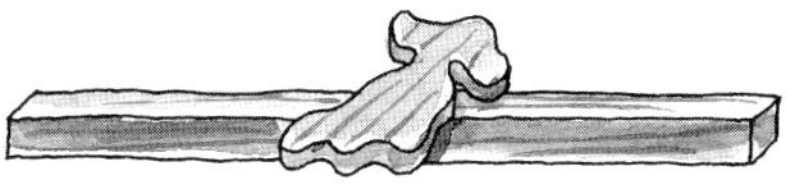

木型1を置く

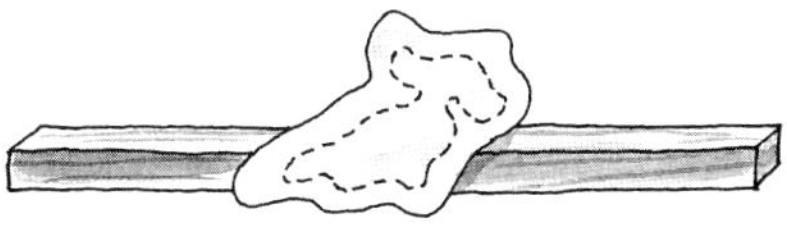

ビニールをおおよその型に切り抜く

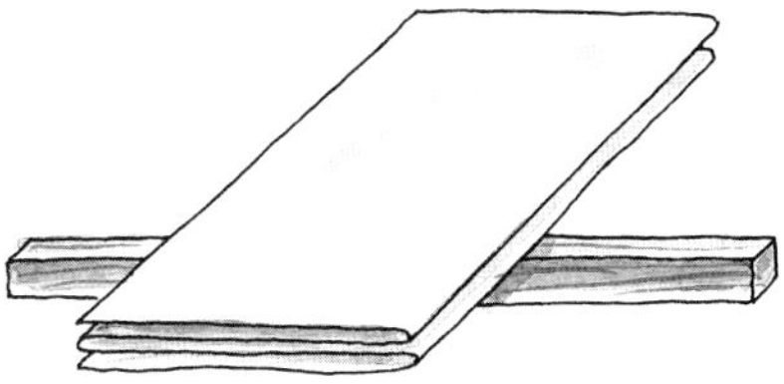

染めたい布を畳んで置く

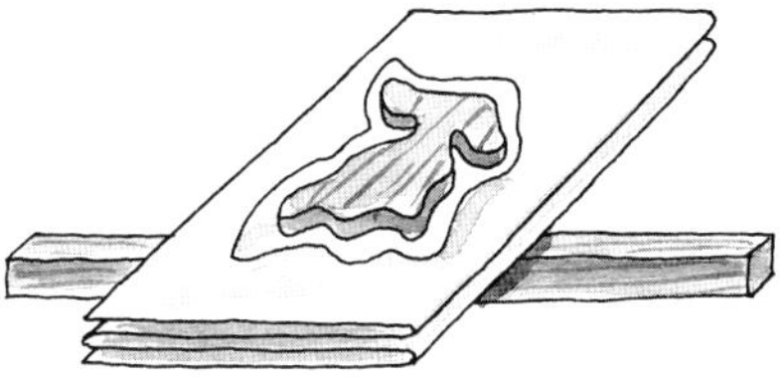

下と同じようにビニールを置き、木型2を置く

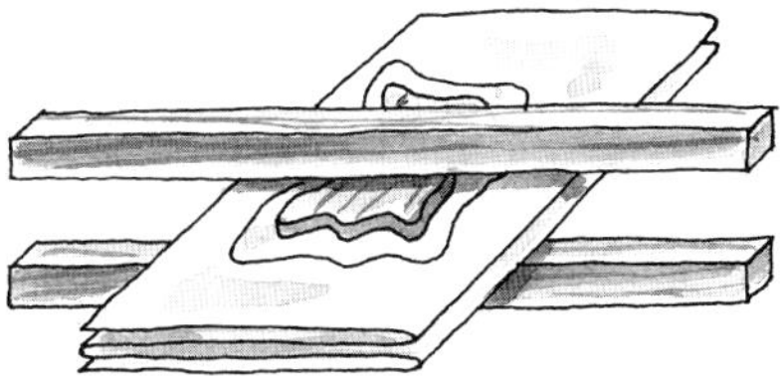

締め棒を置いて両サイドを強く紐で結ぶ

ベスト3点

作品7、8、9

生活の中で古代から編むという技術は織る技術より早く用いられていました。もちろん当時は羊毛ではなく草木の繊維でした……。

今、手がるに色染めされた毛糸が多く売られていますが、手で一色一色草木染めをして自分の好みのベストを編むのも大変おしゃれなものと思います。

毛糸は草木染めの技術をみがくのに一番適していると思います。発色がよく染まりやすいからです。

女性ベスト

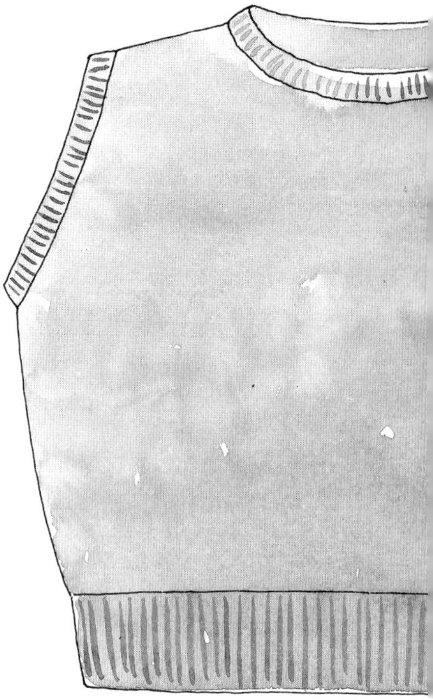

紅花の黄水染め（ミョウバン）

❶サクラ（幹）塩化第一鉄
❷アカネ　酢酸銅
❸ミズキ（幹）塩化第一鉄
❹ウメモドキ（幹）酢酸銅

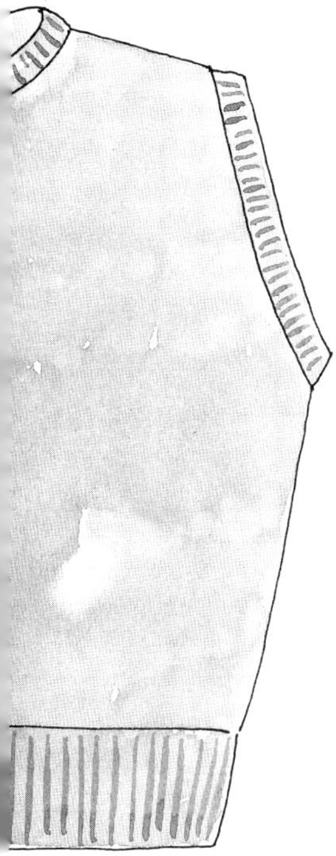

男性ベスト

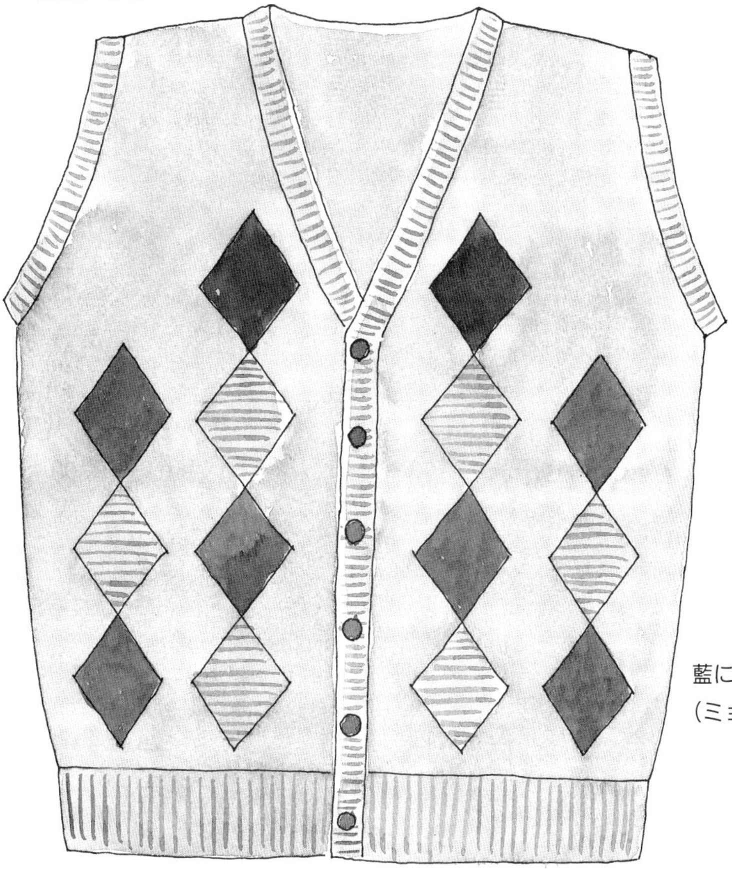

藍にカリヤス（ミョウバン）

クワ（幹）（酢酸銅）

丹後ちりめんのベスト

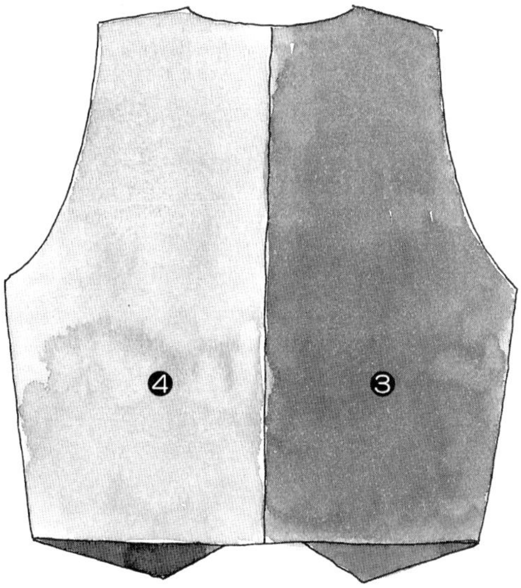

裏

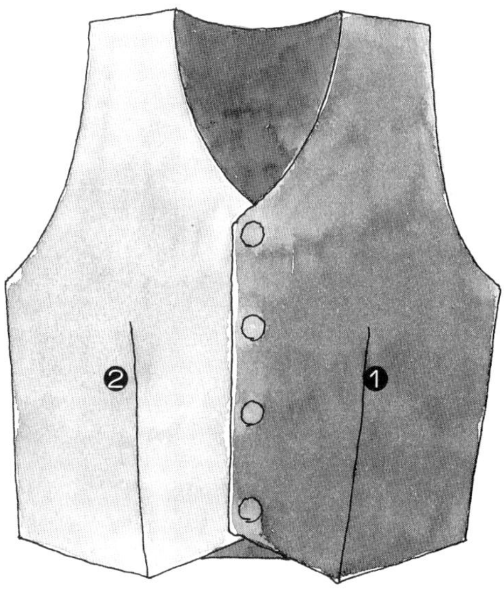

表

作品10　チューリップ染めハンカチ

チューリップの花びらで染める

チューリップは江戸の後期にヨーロッパから輸入され、初めは庭園で観賞されていました。第2次大戦後、いちはやく富山県・新潟県で栽培が始まり、今では国外に売り出すようにまでなりました。水稲の裏作として植えられ、春五月ころには、さながら田んぼ一面が絨毯を敷いたようになります。栽培農家では球根を育てるために、開花直後に、花を首の部分で切りとってしまいます。その花びらを染料として使います。

しかし、染料として使うには、発色のよい品種を選ばなければなりません。作品では品種名「アラジン」と「かぐや姫」の花弁を使っていますが、アルキメデス・メモリーやクイン・オブ・ナイトなども染料として使えます。

◇用意するもの

浅鍋　ステンレスボール　バケツ(20ℓ)　テトロン布　木綿袋　菜ばし　ゴム手袋　酢酸(計量スプーン　小１杯)　酢酸銅(0.3ｇ)　米酢（計量スプーン　小1杯）　温度計　ハンカチ　チューリップ300個分

❶花びらだけ集め、花粉などを洗い流す

❷花びらをバケツに入れ、キュウリもみをつくるように手でもむ。最初は弱く、だんだん強くし、柔らかくなるまで30分〜1時間もむ。水１ℓと酢酸を計量スプーン小1杯くわえ、ふたをして1週間ほど寝かせる

▶ 花びら水洗い → 花びらもみ30〜60分 → 酢酸水に漬け込む（1週間放置） → 花びら煮出し15分 → 布で漉し1日おく → 布漉し → 水でぬらす → 板締め絞り

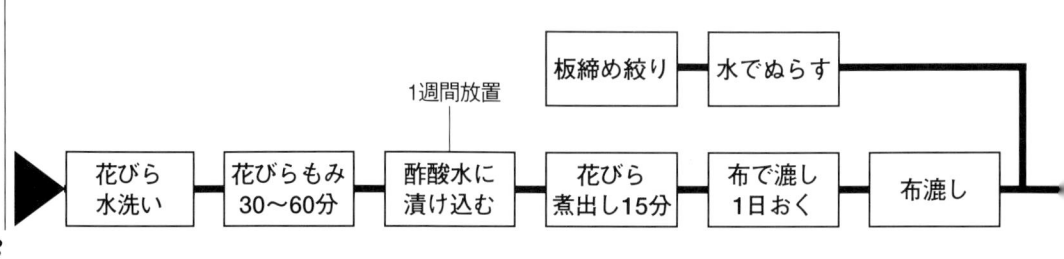

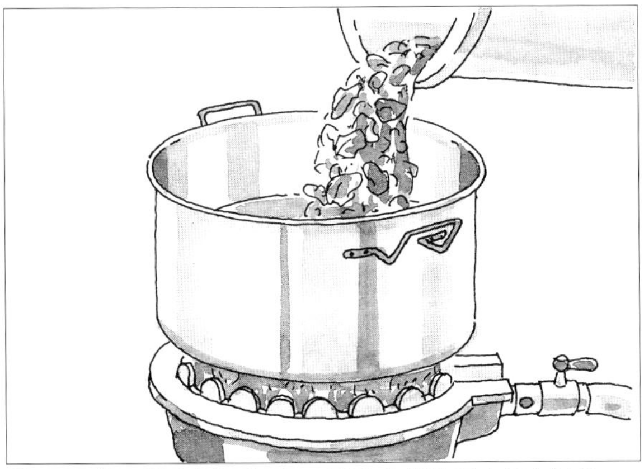

❸1週間後、❷を鍋にあけ、水3ℓを加えて火にかける。80〜90℃で15分間煮出す

❹テトロン布で漉し、液をそのまま1日おく。翌日もう一度木綿布で漉して液を集める

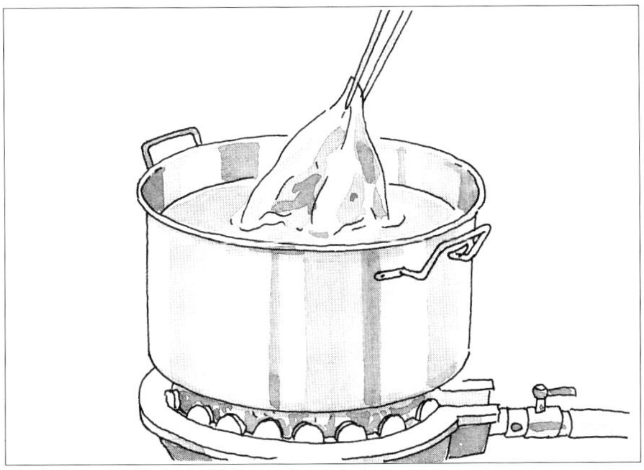

❺中火で15分煮ながら、水でぬらしておいたハンカチを液に入れ、よく動かしながら煮染めする

❻酢酸銅0.3gと水3〜4ℓで媒染液をつくり、70℃くらいに温めながら20分媒染する。その間、ハンカチをよく広げて動かす　❼水洗いして干す

※灰汁先媒染の場合は、染めたハンカチを米酢液（スプーン小1杯）に通して、水洗いして仕上げる

煮染め 15分	媒染 20分（70℃）	水洗い 板はずし	脱水	干す

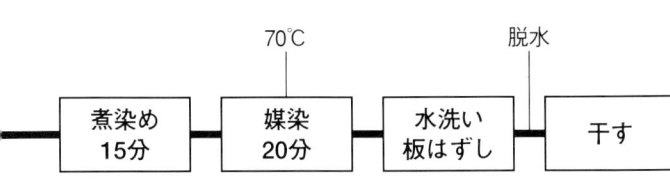

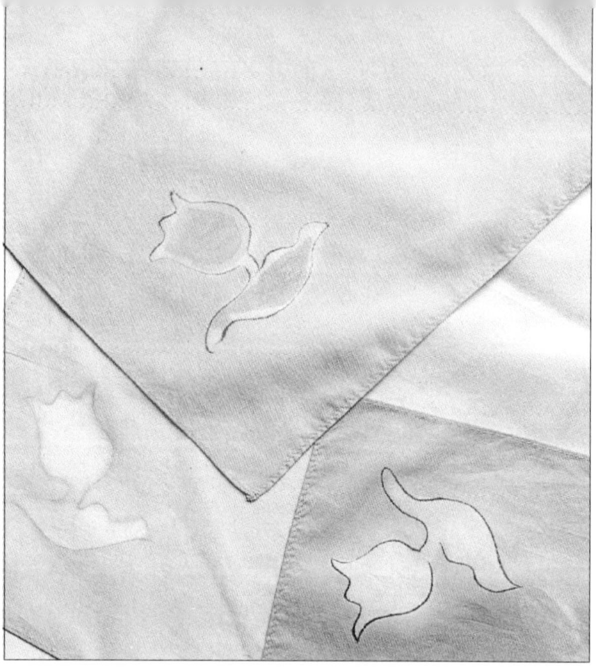

木型染めに色をさす

作品11　型締めハンカチ

木型締めしてできあがったハンカチを顔料で手彩色したり、縁どりをしてはっきりとしたシルエットをつくるのも一つの方法です。

◇用意するもの

日本画用絵の具（顔料）
墨（墨汁は使用しない）
硯
彩色筆
面相筆
平筆
豆汁《ごじる》
アイロン
あて布（アイロンかけ用のため30㎝角くらいの大きさ）

❶豆汁を準備する（p34参照）
❷墨をする
❸木型ぬきされた図柄の範囲に毛筆で豆汁を少量つけ、すりこむように一度塗る。
❹乾いたら、面相筆に墨をつけ、輪郭をとる（このまま仕上がりとしてもよい）
❺絵の具をとき、皿などに少量取って豆汁を一滴たらし、彩色筆で色をさす。一度に多くの絵の具をつけて塗り重ねてもよい。あて布をしてアイロンで乾かす。

▶日本画用絵の具(顔料)

作品12、13 マユ細工
マユのひな人形、マユ細工金魚

◇クズマユを利用して

養蚕農家では、どうしても２級マユや不良マユがでてしまいます。その不良マユを利用して染め、いろいろ細工してみるととても楽しいものです。

パターンを決めて製作すると、郷土のおみやげとして生かすことができる可能性を持っています。

◇マユの染め方

一つの作品に何個使うかを決め、予備として必要な数に何個か加えた数だけ染めておきます。

染め方は図で示した低温で煮る方法のほか、マユをさきに媒染剤につけたあと乾燥させ、ちょうど乾いたころ、いったん沸騰させた染料の火を止めてそのなかにマユを入れ、そのまま染料液がさめるまでおく方法もあります。

また、いったん沸騰した染料液に浸し、その液がさめるまで放置したあと媒染し、再び沸騰した染料液の火を止めてマユを染める「浸し染め法」もあります。浸している間にマユの中に染料液がしみこんで、初めは浮いていたまゆが染料液の中に沈みます。これは、マユをぐつぐつ煮染めると型が崩れることがあるからです。

金魚のキーホルダーならば、一個つくるのに二個染めます。写真の人形の場合は、毛髪を純黒に染めたくなりました。これは草木染めでは無理ですから、毛髪や色目のはっきりした袖口用のマユなど何点か、化学染料を使って染めました。

◇用意するもの

マユ　2個（金魚）
　　　10個（ひな人形）
カッター　ピンセット
工作ボンド　目玉　金具など

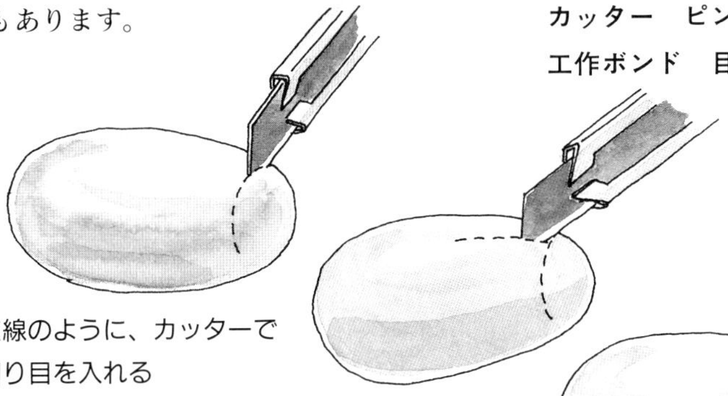

点線のように、カッターで切り目を入れる

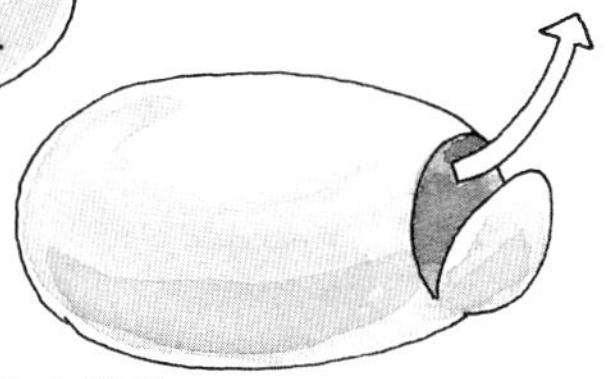

ピンセットで切り口を広げ、中からサナギを抜き取る

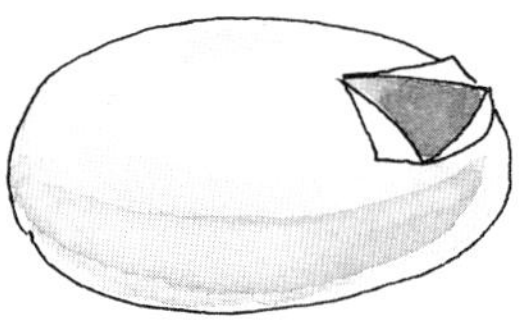

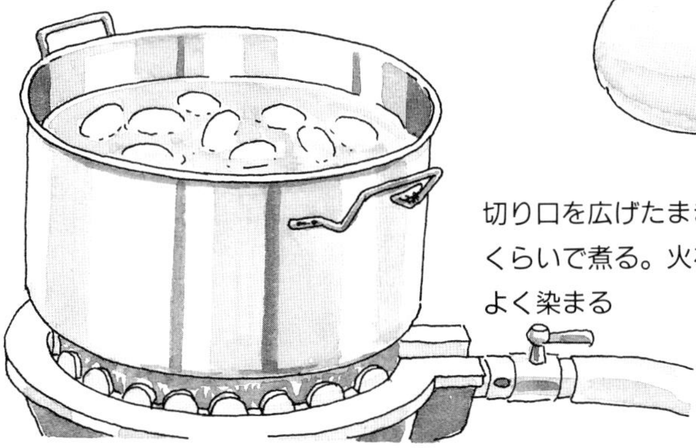

切り口を広げたまま染料に漬け込み、火にかけて30℃くらいで煮る。火を止めて一晩そのままにしておくとよく染まる

◇**マユ金魚の作り方**

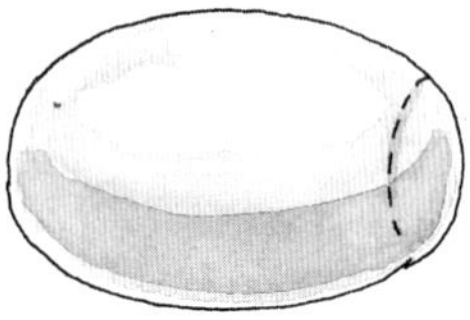

❶人形などの体に使うときは切り口をボンドではりつけてしまう

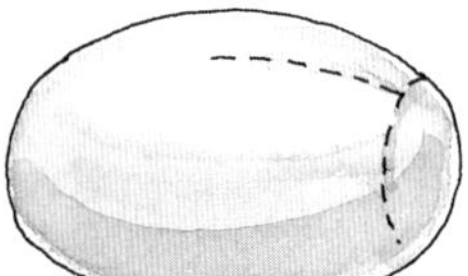

❷金魚をつくるときは、切り口を利用して組み立てていく

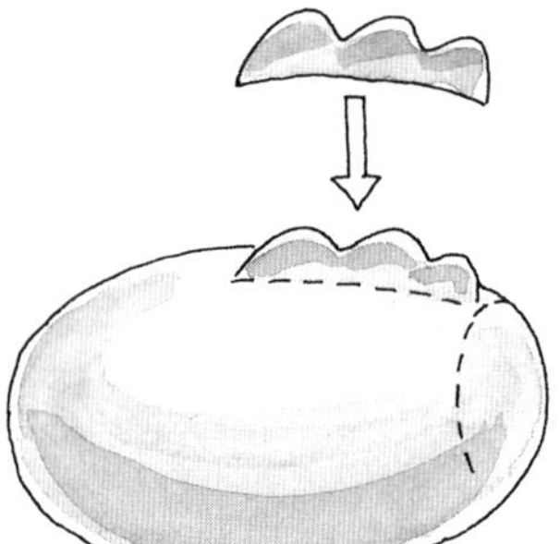

❸別のマユを切って背ビレとし、ボンドをつけてさし込む

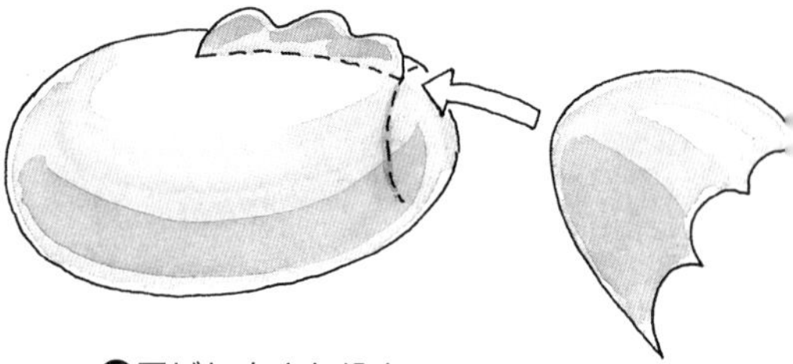

❹尾ビレをさし込む

❺カッターで切り込みを入れ、両側に胸ビレをつける

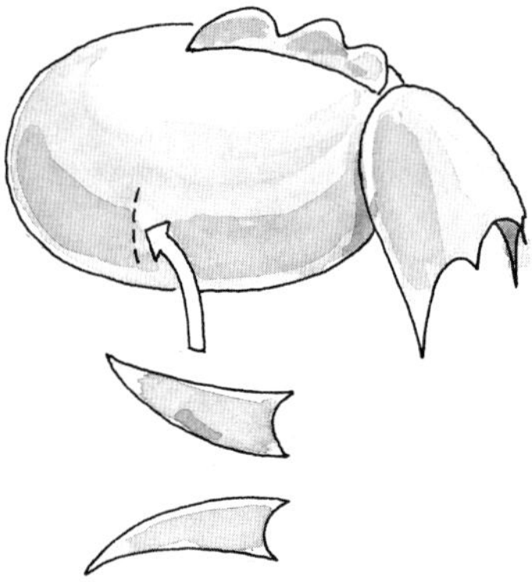

❼金具は背ビレに穴をあけてつけてできあがり

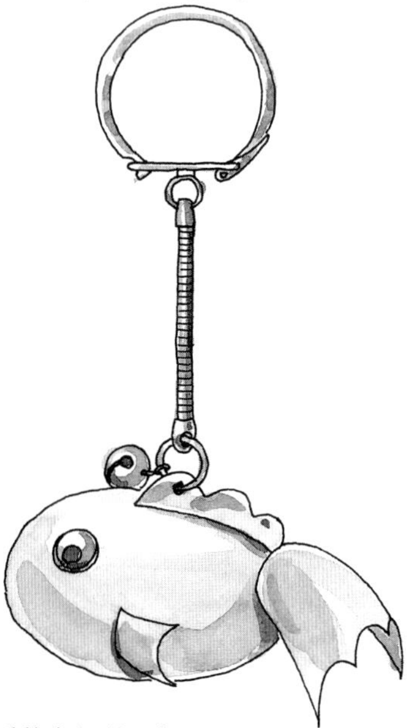

❻手芸店などに売っている目玉をボンドでつける

☆部品の取り方
1個のマユを広げ、図のように金魚の部品をつくると、3個で2匹つくることができます

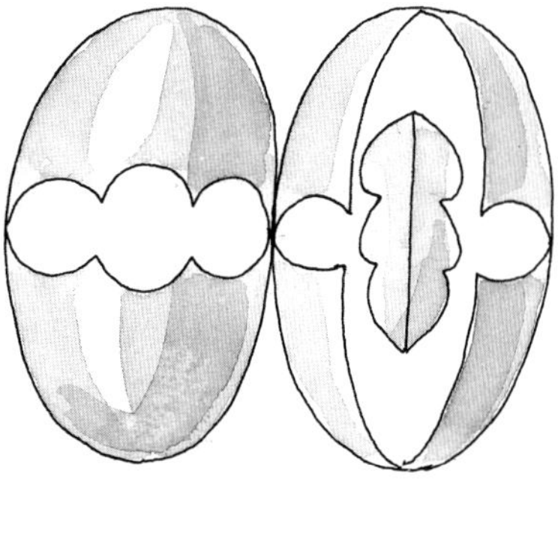

◇マユひな人形の作り方

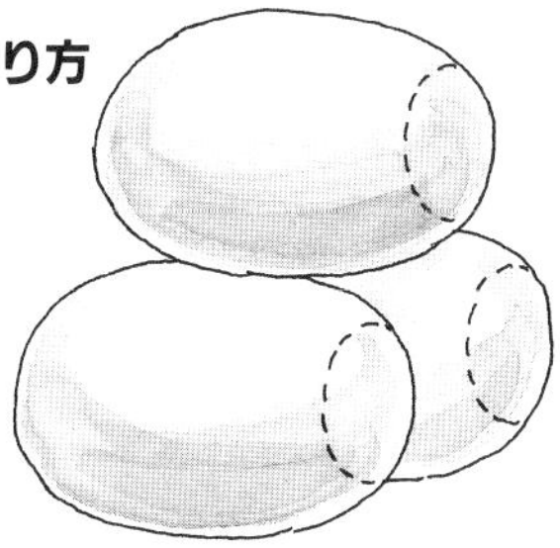

体になる部分は3個のマユをボンドではりつけ、
積み重ねてはる

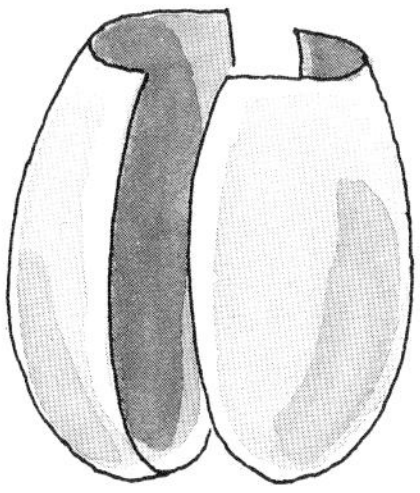

1個を二つに割って袖にする

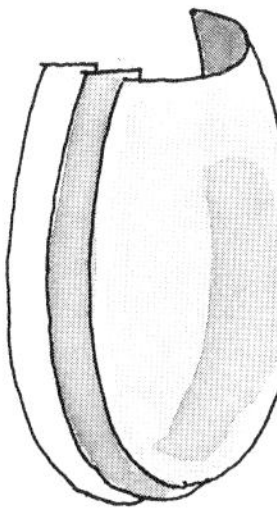

重ね着の袖口をつける

毛髪の部分

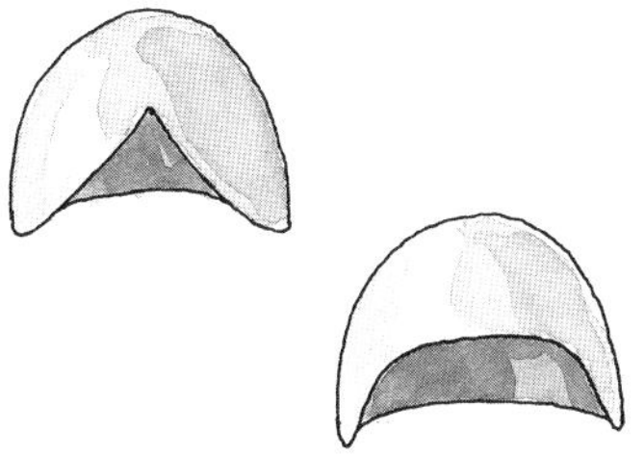

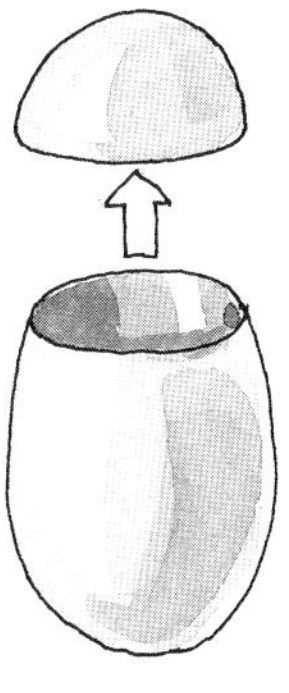

染めマユを三分の一切り落として顔にする

笏

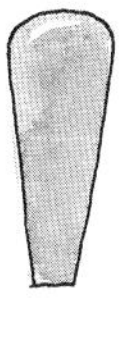

厚紙に金色紙をはり
道具をつくる

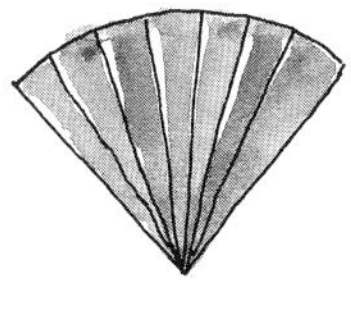

檜扇

笏をボンドでつけて完成

髪飾り、檜扇をボンドでつけて
仕上り。目などは墨で書き込む

紬地のポーチ

❶クサギ（実）無媒染

❷キビ（葉）酢酸銅

縮緬のめがね入れ

❶ミズキ（幹）塩化第一鉄

❷キハダ（皮）酢酸銅

ぬいぐるみ

❶ウメモドキ（幹）酢酸銅

❷ミズキ（幹）塩化第一鉄

❸キハダ（皮）酢酸銅

❹紅花

❺ワラビ（葉）酢酸銅

❻サクラ（幹）酢酸銅

作品14、15 ぬいぐるみ、袋物2種

ちりめんの端裂細工はむかしから女性の手なぐさみに針刺しやお手玉、くくり猿や迷い子札といろんなものが作られていました。

ここではクマのぬいぐるみとめがね入れを作ってみました。市販のものとはひと味ちがった贈りものにいかがでしょうか。

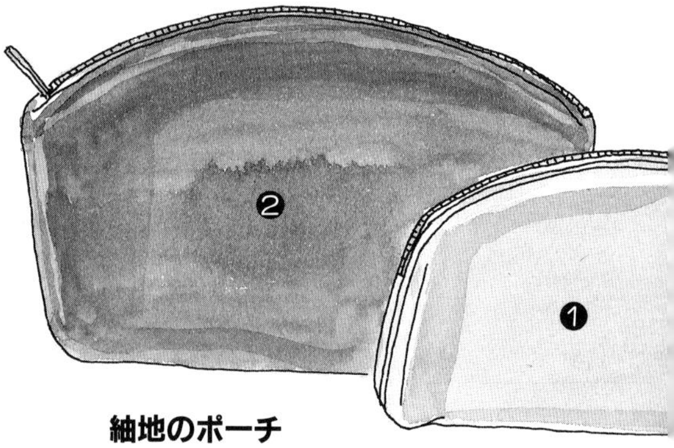

紬地のポーチ

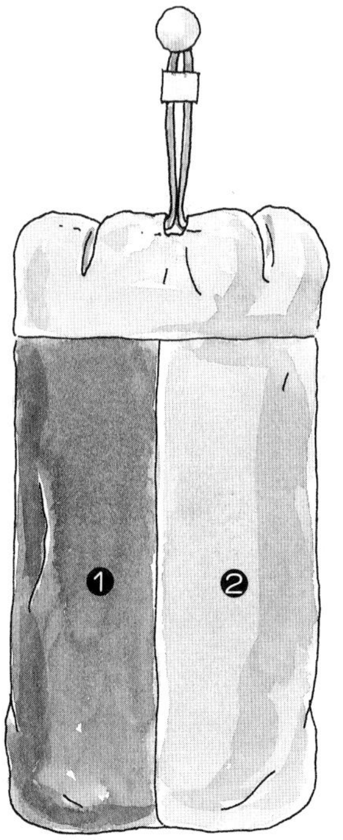

縮緬のめがね入れ

ぬいぐるみ

作品16 マユ細工のリース

ヨーロッパでは、クリスマスリースが11月中旬から正月にかけて、日本のしめ飾りや門松のような感覚で飾られています。リースとは丸い輪という意味で、キリストのイバラの冠がその起源だと伝えられています。今日では、愛と平和と喜びのシンボルだそうですが、季節や型にこだわらず、自由に作ってみました。マユだけでコサージュにするのもかわいいものです。木の実などをひろっておいて利用してみても楽しいでしょう。

❶イヌツゲ（実）無媒染
❷タラノキ（実）無媒染
❸カリヤス　塩化第一鉄
❹コチニール無媒染
❺タラノキ（実）❷の残液染め
❻マメグンバイナズナ
❼クロモジ（枝）

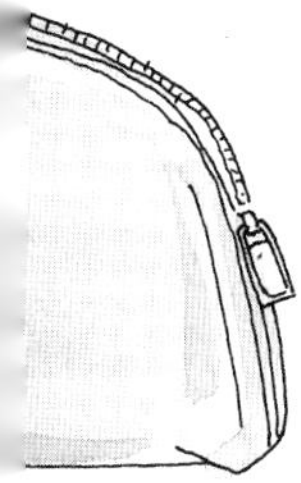

作品17 見本ぎれで飾り布をつくる

同じ木綿浴衣地を使って染めをおこなうたびに、1枚ずつ見本染めをしておいたものを使ってつくったものです。

見本は、媒染剤をかえたりしながらそれぞれの草木の色を試してみるのですが、そのためには同じ生地を同じように助剤処理したものでおこないます。こうして染めのたびにつくっておくと、やがて何枚も手もとにたまってきます。見本帖に仕立てておいて、そのときのデータを書き込んでおくのもいいのでしょうが、形あるものにつくるのも楽しいものです。

この本の中では絹地では“クマのぬいぐるみ”や、縮緬のベストや袋ものをつくってみました。木綿地ではパッチワーク風に並べて縫い合わせて、飾り布か敷物として利用することができます。裏は接着不織布（芯）でおさえてあります。

木綿浴衣地使用。豆汁《ごじる》処理する
❶ケヤキ　酢酸銅
❷黒米糠残液染め　塩化第一錫
❸桜紅葉葉　酢酸銅
❹クローブ　酢酸銅
❺クリのいが残液染め　塩化第一鉄
❻紅花　無媒染
❼クローブ　塩化第一鉄
❽コチニール残液染め　塩化第一錫
❾桜紅葉葉残液染め　酢酸銅
❿キビの葉　酢酸銅
⓫ターメリック　無媒染
⓬クローブ　塩化第一鉄

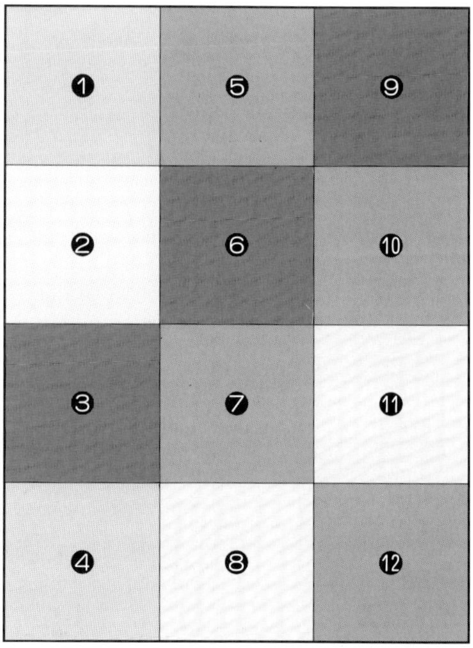

台所の野菜たち　花屋さんの花たち

意外に素敵

　野山を歩いて染め用の草木をとるのはたいへん楽しいものです。どんな色が染まってくれるのかを考えながら染めてみると、意外や意外…で、飛び上がるほど美しい、こんな草から、こんな枝から…と胸をときめかします。

　しかしどうしても野や山まで出かけられない方には、ごく身近なものから入っていただくことをお進めします。それは花屋さんとかデパートで手軽に購入できるものや、すでに台所にあるものから手始めに染めてみましょう。もちろん、緑の葉から赤褐色がでてきたりで感動です。

　染めた色見本をつくりましょう。寸法を決め、四角に切った木綿地に豆汁処理して何枚もつくっておき、ボールを使って台所でどんどん染めてみてください。染めの材料と媒染剤の関係をよくマスターしていただくと、本格的に大きな作品や手のこんだ作品づくりにかかることができると思います。

▼台所の野菜たち	
シソ（葉）	うす紫、黄青色
ナス（皮）	うすグレー
タマネギ（外皮）	黄色、茶色
ニンジン（緑葉）	黄色
トウガラシ（緑葉）	黄色、青グレー
パセリ（緑葉）	うす緑
ブロッコリー（緑葉）	黄色、黄グレー
ブドウ（果皮）	うす紫
ブルーベリー（果皮）	紫色
ホウレンソウ（緑葉）	黄グレー
紫キャベツ（葉）	うす青、うすピンク
クロマメ（実）	うす紫
コーヒー（実）	うす茶
紅茶	茶色、茶グレー
緑茶	茶色、茶グレー
ウーロン茶	茶色、茶グレー
カレー粉	黄色
クリ（果皮）	うす茶
青ミカン（果皮）	うす緑
香辛料他	
▼花屋さんの花たち	
センリョウ（緑葉）	茶色
マツ（枝葉）	グレー、茶色
ウメ（枝）	茶色、金茶
サクラ（枝）	茶色、金茶
ロウバイ（枝）	茶
コデマリ（枝）	茶
ユキヤナギ（枝）	茶色、グレー
ネコヤナギ（枝）	茶色、グレー
ナンテン（枝）	黄色
ヒイラギナンテン（枝葉）	黄色、黄グレー
マーガレット（全草）	青グレー
ススキ（葉）	黄色

＊いずれも、塩化第一鉄および酢酸銅での媒染した色を表し、標準的な煮染めによります。

用語解説

灰汁（あく）

ツバキ、ヒサカキ、ワラなどの雑木を含め、燃やした灰を水にいれ、灰の中のカリウム分を溶かし出した汁を媒染剤として使う。灰汁媒染は染める前におこなうが、後媒染の場合は２回目の染めをおこなわず、すぐによく水洗いして仕上げる（▶P33）。

青花ペン

友禅染めの下絵描き用に使われているもので、むかしはツユ草の花びらからつくられた。水に溶けて消えてしまうので、染め用にたいへん便利で、専門店で売られている。

オキシドール

過酸化水素水を消毒用に希釈したもの（濃度5%くらい）。もちろん原液をうすめて5%くらいの溶液をつくってもよい。藍の生葉染めのときの仕上げの酸化防止に使う。原液が手や肌につくと白化するので注意する。

押し洗い

染めあげたばかりの布（作品）を、両手で押し出すようにして洗うこと。もみ洗いをしないようにすることがたいせつ。

カセ

玉巻き状の毛糸を輪状にしたものをカセといい、毛糸の染めにはカセにしてからでないと染めの仕事にはかかれない（▶P36）。

顔料

日本画用の絵の具または印刷インク、化粧品、塗料などに使われる。水にも油にも溶けない性質をもった有機質・無機質の金属塩で、不透明である。助剤を使って手描き用に使う（▶P90）。

クギ（釘）

自家製の鉄奬（かね）をつくるのに使うが、クギ以外の鉄クズでもよい。錆びすぎたり油分のついたものは、火で焼いたりして取り去っておくこと（▶P32）。

空気を通す

藍染めのときに行う作業。藍液は茶褐色をしているが、引き上げて空気にふれさせると藍色に発色する。これは空気発色、空気酸化と呼ばれる。その後水洗いすると不純物がとれて鮮やかさを増す。

計量

染めの仕事には、必ず容量や重さをはかる場がある。重さによってはハカリを使わなければならない。液体の量をはかることができる計量コップや、料理用の計量スプーンを使うとよい。

スプーン大　15cc　粉末約3g
スプーン中　5cc　粉末約1g
スプーン小　2.5cc　粉末約0.5ｇ
を目安にすると便利である。

豆汁（ごじる）

大豆を砕いて搾ったもので、タンパク質の塊り。タンパク質のない木綿に付着させて染まりをよくしたり、手描き染めのときに使う（▶P34）。

残液・残液染め

多めにつくったときの残りの染め液ではなく、一度染めたあとの使用済みの液のことをいう。この本の中でも何点か使っているが、染料によってはまだ色素成分が残っているので、それで染めることができる。

渋・柿渋

うるし店・塗料店など専門店で扱っているもので、柿の実を搾って採った液。酸化すると赤く変色し、防水・防腐・着色にと古くから使われてきた（▶P74）。

助剤（じょざい）

媒染の効果を高めたり、染まりやすくしたり、繊維の保護や染料の発酵を促すために使用する薬品類のこと。使う場によって、食酢も灰汁も助剤であったり、媒染剤であったりする（▶P34）。

食酢

媒染剤や助剤として使用するが、食用のものは酢酸の10倍量使用できる。

ステンレスボール

どこの家庭にもあるボール。ホーロー製のものなどは少量の染めや媒染用に2〜3個準備しておくと便利。ホーロー製の場合、傷がついて中芯の鉄が出ているものは避ける。最近出回っているチタン製ボールなどは染色用に最適。

水性チャコ

青花ペンと同じようなもので、手芸品店で扱われている。下絵描きに便利である。

寸胴鍋

レストランのシチューやカレーを煮込むために利用される鍋で、ステンレス性のものは専門店で扱っている。大中小など数種類がある。

墨

書道用に硯で磨る棒状固形の墨のことをいう。油煙墨・松煙墨などがあり、染料として使うことができる。しかし、墨汁や墨液は使うことができない。

洗剤

草木で染めたものは中性洗剤を使って洗ったりすると色落ちしやすい。とくに紅花染めなどは落ちやすいので、髪を洗うシャンプーなどを使うとよい。

染料

この本の中では、草木および自然の染料をさしている。「染粉」とは、瓶や缶に詰められて売られている化学染料のことではない。

染めかさね

何回も染めること。とくに木綿などのように色の染まりにくいものを濃くしたいときなどにおこなう。染料取りは、最初から同じ工程をくり返して染める。藍染めは、藍の力が落ちるまで何回もおこない、漬け液がつかれてしまったところで、新しく藍を建て直してまた染めかさねる。

染め液

草木を煮出したり、発酵あるいは揉みだしてつくった染めるための汁液のことをいう。

染め棒・染色棒

専門店では使い方によって形状の異なるステンレス製の凹型やL型の棒が売られている。昔は節目を平に削った竹製のものを使っていた。今なら、水道用の塩化ビニール管などを利用するとよい。

脱水

毛糸や布の水を脱水するのには最初は手でかるく絞り、布は畳んで、糸はバスタオルにくるんだまま脱水機にかける。いずれも脱水時間は約1分くらい。

テトロン布

お祝いごとでいただいた風呂敷を利用するとよい。煮出した染め用の液は必ず1回以上漉す。黒米ぬかや花のついた草木は、花粉など不純物がたくさん入っているので、数回漉すようにする。

天竺木綿

JISの繊維用語。タテ糸・ヨコ糸ともに20番手級の生綿糸を使用し、密度がほぼ同数の手織り布。生地綿織物の標準品で、幕、風呂敷、卓布、衣服裏地などに使われる。

流し水洗い

水道の蛇口から水を流しっぱなしにして洗うこと。

煮染め

染め液を煮立たせて、布または糸を染めつけさせること。毛糸は煮立たせてはいけない。60〜70℃以下の温度でゆっくり染めるようにする。

煮立つ・煮出す

沸騰すること。染め液がグツグツ泡だって煮立つ状態。

乳鉢

薬品・試薬などを粉末にしたり混合するときに使う、乳棒とセットになった磁器またはガラス製のすり鉢で、医薬品関係や焼き物の釉薬を調合するのに使う。染めの材料店や医療機器店で扱っている。

媒染・媒染剤

媒染とは、繊維に付着または浸透した色素成分に金属薬品などを結合させ、染料の定着・発色を促すこと。

鋏（ハサミ）

鉄製とステンレス製のものがあるが、生の緑葉を刻むときはステンレス製のものを使うこと。また、ぬれている布を鉄製の鋏では切ったりしないほうがよい。

浸し染め

藍染めは染め液に何回も浸すだけで染めかさねていく。煮立てたりせず、自然態で染めていく方法（▶P39)。

日陰干し・干す

脱水したものを乾燥させるが、このとき直射日光（太陽光）に当てないで乾燥させるのが日陰干し。風通しのよいところで干す。冬なら室内で干す。

筆

彩色筆、絵刷毛、摺込刷毛、面相筆などの種類を手描きに使う。これらの筆や刷毛は画材店で取り扱われている。

振り洗い

糸などの水洗いのときは、数カセずつ持って、水の中で左右に振りながら洗う。

放置

糸染めなどで1回目の染めが終わったあとバケツなどに移して、液に手を入れることができる程度の温度までそのままにしておくこと。その間、糸などの染めているものが液の上に浮いていることがないよう、動かしてやることがたいせつである。

水通し

染める前に、染める素材（毛糸または布)を水またはぬるま湯につけておくこと。絹は10〜20分間、豆《ご》汁《じる》づけされた糸（木綿)は1〜2時間水通ししてから染めに入る。これは、むら染めを防ぐためでもある。

浴衣地

染色材料店などでは、すぐに染色できるように糊抜き済みになったものや、染まりがよくなるシルケット加工されたものなどが取り扱われている。

冷蔵保存

煮出した染料を保存するとき、ボトルなどに入れて冷蔵庫内の温度で保存すること。

冷凍保存

クサギの実、ブドウの皮など、果肉の多い木の実を保存するときは、ビニール袋などに入れて冷凍庫で保存する。

LOT（ロット）

毛糸の玉巻きを買うと必ずラベルに入っている番号。その中に注意書きや標準ゲージが書いてあるので、そのロット番号を記憶しておくと、買い増しするとき役立つ。

著者略歴
林　泣童（はやし　きゅうど）
1938年　富山県生れ
1979年　中日新聞北陸本社編集局退職。元岐阜県高山市博物館施設飛驒民俗村で染織の研究と同館講師をつとめる。
1993年　富山県高岡市に工房「雑華林」を移し、現在大島町絵本館講師ほかをつとめる。
〒933-0329　富山県高岡市柴園町6-14　電話0766-31-0533

主な著書
『母と子のたのしい草木ぞめ』（1986年）さ・え・ら書房、『母と子のたのしい草木ぞめII・III』（1991年）さ・え・ら書房

媒染剤・染織材料などの取扱い店
◇藍熊染料㈱
東京都台東区雷門1-5-1　電話03-3841-5760
◇㈱田中直染料店
京都市中京区三条通小川西入ル　電話075-221-4112
東京都渋谷区東1-26-30　宝ビル3F　電話03-3400-4894
◇㈱誠和
東京都新宿区下落合1-1-1　電話03-3364-2111
神奈川県横浜市西区南幸2-9-17　電話045-312-2121
◇㈱おりひめ
愛知県西尾市中畑町北側25　電話0563-59-9289

Natures Craft
ネイチャーズ クラフト

草木で染める【軽装版】

1996年6月30日　第1刷発行
2002年8月25日　第11刷発行
2004年3月31日軽装版第1刷発行
2005年11月30日軽装版第2刷発行

著者　林　泣童

発行所　社団法人　農山漁村文化協会
〒107-8668　東京都港区赤坂7-6-1　電話　編集 03(3585)1145　普及(営業) 03(3585)1141
FAX03(3589)1387　振替00120-3-144478
印刷所　図書印刷株式会社

 ISBN4-540-03335-2
定価は、カバーに表示してあります。